개혁군주

광종

개혁군주 광종

발행일	2017년 6월 28일

지은이	우 재 훈		
펴낸이	손 형 국		
펴낸곳	(주)북랩		
편집인	선일영	편집	이종무, 권혁신, 송재병, 최예은, 이소현
디자인	이현수, 김민하, 이정아, 한수희	제작	박기성, 황동현, 구성우
마케팅	김회란, 박진관, 김한결		
출판등록	2004. 12. 1(제2012-000051호)		
주소	서울시 금천구 가산디지털 1로 168, 우림라이온스밸리 B동 B113, 114호		
홈페이지	www.book.co.kr		
전화번호	(02)2026-5777	팩스 (02)2026-5747	

ISBN	979-11-5987-639-4 03910(종이책) 979-11-5987-640-0 05910(전자책)

이 도서의 국립중앙도서관 출판예정도서목록(CIP)은 서지정보유통지원시스템 홈페이지(http://seoji.nl.go.kr)와 국가자료공동목록시스템(http://www.nl.go.kr/kolisnet)에서 이용하실 수 있습니다. (CIP제어번호 : CIP2017014802)

500년 고려 제국의 설계자

개혁군주

광종

"혼란의 시대 개혁의 길을 찾다!"

우재훈 지음

북랩 book Lab

　개혁은 정말 힘든 일이다. 얼마나 어려우면 차라리 혁명이 더 쉽겠다고 하겠는가. 개혁에는 항상 기득권 세력의 강력한 반발이 수반되기에 이를 어떻게든 넘어서야 하는 문제가 있고, 또 개혁 이후의 모습은 미지의 영역이기 때문에 불확실성을 안고 지지세력을 결집해야 하는 난관이 따른다.

　미래에 대한 구체적 이상을 가지기도 어렵지만, 그것을 향해 일관되게 추진해나가는 것 역시 힘든 일이다. 특히나 그러한 이상을 그려내는 때가 사회적 혼란기라면 그 작업은 더욱 지난한 일이 될 수밖에 없다. 질서가 사라진 상황에서 뚜렷한 비전을 제시하고, 그것을 설득하고 납득시켜 대중적인 지지를 이끌어내는 것은 거의 불가능에 가깝다. 정적들의 온갖 방해공작들이 난무하고, 갖은 트집과 무조건적인 반대로 뒷다리를 잡아대는 것은 물론, 심지어 생명의 위협까지 가해지는 위기상황을 극복해내는 것은 보통의 노력으로는 안 되는 일이다.

　그런데 이를 해낸 이가 우리 역사상에 존재한다. 바로 개국 초기의 내란을 극복하고 고려 사회를 반석 위에 올려놓는 데에 성공했던 광종 왕소가 바로 그이다. 그 자신이 호족세력을 외가로 두고 있었고 또 스스로도 선왕들을 쿠데타로 몰아내본 경험이 있는데도, 그는 고려라는 국가를 안정화하기 위해서는 그런 분권적 호족연합체 성격의 국가를 개혁해야 함을 절실히 느끼고 있었다.

불과 25세의 젊은 나이에 왕위에 오른 그는 집권 초기에는 강력한 호족들의 입맛에 맞는 우호적 태도로 정적들의 눈을 가린 채 남몰래 칼을 갈면서 개혁의 준비에만 매진했다. 그는 이를 위해 호족들이 원하는 대로 『정관정요』의 스타일을 따르며 신하들과의 대화와 타협을 중시하는 정치를 추구했다.

하지만 그는 사실 『한비자』의 추종자였다. 그가 칼을 빼든 것은 재위 7년 차, 즉 956년의 일이었다. 그의 개혁은 2년 단위로 순차적으로 추진되었다. 가장 먼저 외국의 인재들을 등용함으로써 국내 호족들의 관직을 잠식하기 시작했다. 이때만 해도 호족들은 불만은 품었지만, 아직 광종을 자신들의 편으로 생각했다. 동시에 당시 호족들의 재정과 군사력의 근간이 되었던 노비의 현황 파악에 들어갔다. 불만은 고조되었으나 노비제도 자체를 혁파하는 초강력 제재는 아니었고 공식적으로 불법적 노비 획득을 바로잡는 것이라는 명분에 그들은 말려들고 말았다. 그다음 그는 객관적인 인재등용 절차인 과거제도를 역사상 처음으로 도입했다. 호족들은 이 역시 이상하다 생각은 했지만, 여전히 광종의 개혁을 의심스럽게 지켜보면서도 칼 대신 붓을 들어야 하는 상황에 적응해야 했다. 그리고 광종은 관리들의 등급을 체계화시켰다. 점차 호족들은 자신들도 모르게 광종이 그리고 있던 강력한 국왕 아래에 일사불란하게 도열하는 관료체계 안으로 편입되어 가고 있었다.

그리고 마침내 그는 호족들 대상으로 정말 '칼'을 들이대었다. 밀고 제도를 통해 조금이라도 의심스러운 자들은 숙청을 감행하였다. 그 결과 무려 16년간이나 지속한 호족 숙청으로 초대 공신 중 살아남 은 자는 고작 40여 명뿐이었다. 동시에 그는 고려를 왕국에서 한 단 계 격상시킨 제국(帝國)으로 거듭나게 하는 대대적인 작업에 착수했 다. 이로써 광종이 스스로 그려낸 고려의 비전이 명확해졌다. 그것 은 일관된 반호족 정책을 통해 분권화되고 불안정한 사회구조를 혁 파하고, 호족들을 관료조직 내로 완전히 흡수함으로써 권력을 황제 일인에게 집중시켜 강력한 고려 제국을 건설한다는 이상이었다.

당연히 그에게는 호족들과 친호족 성향 관료들의 반발이 집중되었 다. 역사에서는 그가 가면을 쓰고 있던 초기 8년의 집권 기간은 성 군의 시대로, 가면을 벗어던지고 드디어 실체를 드러내었던 후기 16 년은 암흑기로 묘사되었다. 그러나 현실은 달랐다. 비록 호족들에게 는 암흑기였을지 몰라도 노비안검법을 통해 양민으로 돌아온 이들, 사회의 하층을 차지하고 있던 경제적 빈민들, 과거제를 통해 기득권 세력을 뚫고 출세의 기회를 잡을 수 있었던 똑똑한 젊은이들, 신분 이동의 역동성이 보장된 사회 속에서 인생 역전을 꿈꿀 수 있었던 이방인들에게 광종은 진정한 성군이었다.

그는 강자에게는 힘을 빼앗고, 약자에게는 새로운 삶을 주었으며, 능력을 갖춘 이들에게는 기회를 제공하였다. 그것이 그가 꿈꾼 고려 의 이상적 모습이었다. 모두가 평등할 필요는 없었지만, 최소한 누구나 인간적인 삶을 보장받고 누구든지 성공을 꿈꿀 수 있는 그런 역동적인 사회를 만듦으로써 모두에게 기회가 주어지는 것이 그가 생각한 고려의 미래상이었다. 그리고 그는 시스템으로 이를 풀 줄 알았다.

역사는 돌고 돈다. 광종의 개혁은 오늘날에도 유의미하다. 세상은 여전히 개혁이 필요하기 때문이다. 또한 그의 개혁에 대한 방법론은 지금도 가치가 있다. 아직도 이곳은 기득권과 불평등으로 가득 찬 불완전한 세상이기 때문이다. 세월이 바뀐다 하더라도 우리는 그래서 역사로부터 그의 개혁을 배울 필요가 있는 것이다.

차 례

왕무, 왕요, 왕소 형제

강원도 영월군의 흥녕사(興寧寺) 옛터에는 신라 말의 징효대사 절중(折中)의 비가 서 있다. 그가 입적한 900년의 신라는 바로 후삼국 시대의 혼란기로 접어들고 있었다. 그를 기념하는 석탑은 906년에 세워졌지만, 신라 말의 혼란을 말해주듯이 그의 일생을 기록한 비문을 세우는 일은 여러 차례 지연되면서 후삼국의 내전이 마무리되고 태조 왕건이 맏아들 혜종 왕무에게 왕위를 물려준 다음에야 이루어질 수 있었다. 944년 6월 17일에 그렇게 그의 인생은 비문에 담겨 지금의 그곳에 우뚝 서 있게 되었다.

영월 흥녕사 징효대사 탑비
_ 문화재청

영월 흥녕사 징효대사 탑비 비문(부분) 문화재청

비문의 내용은 작업 도중 사망한 박인범(朴仁範)의 뒤를 이어 신라 말 고려 초의 유학파 문신 최언위(崔彦撝)가 924년에 이미 완성한 상태였다. 그런데 그로부터 20년이 더 흘러 944년에 비가 세워지는 과정에서는 비의 뒷면에 비문의 주인공 절중을 기념하는 이들의 명단이 새롭게 포함되었다. 무려 80명 가까이가 이 명단에 적혀 있는데, 마치 고려사회의 유명인사들을 모두 모아놓은 듯한 화려한 구성이 돋보인다.

주요 인물들만 살펴보자면, 태조의 둘째 아들 왕요(제3대 정종)와 셋째 아들 왕소(제4대 광종), 태조의 제23비 월화원부인의 아버지 정광(종2품) 영장(英章), 제8비 정목부인의 아버지 대승(정3품) 왕경(王景), 제3비 신명순성왕태후의 아버지 소판(신라 골품제 3등급) 유긍달(劉兢達), 제15비와 제16비인 두 광주원부인의 아버지 좌승(종3품) 왕규(王規), 태조에게 귀순한 명주 장군 왕순식(王順式)의 아들 좌승(종3품) 왕렴(王廉), 태조의 유언을 받은 재신(宰臣)인 해찬(골품제 4등급) 염상(廉相) 등이 여기에 등장한다. 여기에 이름이 기록되지는 않았지만, 이 비가 세워진 시점에 국왕이었던 제2대 혜종 왕무까지 포함하면 태조 왕건의 세 아들과 장인 및 주요 신하들까지 이 비와 관계가 되어 있는 셈이다.

이 비문이 세워진 944년 6월이면 아직 혜종이 즉위한 지 겨우 1년밖에 지나지 않은 시점이었다. 이때까지만 해도 누구도 바로 다음 해에 벌어질 고려왕실 내의 치열한 분란을 예측하지 못했을 것이다. 특히나 이 비문에 등장하는 이들이 그 분란의 주역이 될 줄은 아마 본인들도 미처 생각하지 못했을 게 분명하다. 33세의 혜종과 두 이복동생인 22세의 왕요와 20세의 왕소, 그리고 유긍달로 상징되는 충주의 호족세력, 끝으로 동시에 혜종의 장인이기도 한 왕규는 피비린내 나는 궁정 암투를 벌임으로써 이제 건국한 지 27년도 채 지나지 않은 918년생 신생국가 고려의 앞날을 뒤흔드는 핵심인물들이 된다.

제 1 장

❀

포스트 왕건 시대,
혜종 왕무

943년 5월에 접어들면서 고려의 초대 국왕 왕건(王建, 877~943, 재위 918~943)은 병환을 이유로 정무 처리를 중단하였다. 그의 나이도 어느덧 67세가 되어 있었다. 스무 살에 궁예를 따라 후삼국 내전에 뛰어든 지 어언 47년의 세월이 흐른 뒤였고, 918년 고려를 개국한 이후로는 25년이 지난 시점이었다. 언제 죽을지 모르는 전장을 누비고 또 잿더미가 되어 있는 국토를 재건하는 데 바친 그의 인생도 이제 끝날 시간이 되어가고 있었다.

5월 20일, 재신 염상, 왕규, 박수문(朴守文) 등이 왕건의 곁을 지키고 있는데 잠시 기운을 낸 왕건이 말을 꺼냈다. 마지막 그의 유언이었다.

"내가 병든 지 이미 20일이 지났지만 죽는 것을 자연으로 돌아가는 것으로 여기고 있으니 어찌 슬퍼할 일이 있겠소? 안팎의 중요한 일과 오랫동안 처리하지 못한 것들은 경들이 태자 왕무(王武)와 함께 결정토록 하시오."

이미 큰아들 왕무는 정윤(正胤), 즉 후계자로 22년 전에 지명된 상태였기에 이는 최종 확인을 한 것뿐이었다. 모두 왕무가 다음 국왕이 될 것으로 알고 있었다. 따라서 여기에는 크게 이슈가 될 것은 없었다. 다만 모두가 그를 마음속으로도 국왕으로 인정하고 있는지는 별개의 문제였지만 말이다.

사실 왕건은 이보다 앞서 한 달 전인 4월에 미리 별도로 박술희(朴述熙)에게 군사와 국정에 관한 일을 맡긴다고 하면서 다음과 같이 부연한 적이 있었다.

"경이 태자를 도와 옹립하였으니 잘 보좌해주시오."

내심 왕건은 맏아들 왕무가 다음 왕위를 잘 수행할 수 있을지가 늘 걱정이었다. 아들의 자질은 그도 잘 알고 있었다. 후삼국 내전 때부터 자신을 따라다니며 전장 경험도 함께하였고, 그가 부재중일 때에는 수도에서 그를 대신해 국왕의 업무를 대리하게 하기도 하는 등 일찍부터 후계자 수련까지도 해둔 상태였기 때문이었다. 즉 국왕으로서의 자질에 대한 걱정은 딱히 할 필요가 없다고 이미 확신하고 있었다. 그의 걱정은 아들 왕무를 둘러싼 주변 환경이었다. 그는 큰아들의 후원자로 일찍부터 점지해둔 박술희에게 이처럼 신신당부할 정도로 아들에 대한 걱정만큼은 거두기가 어려웠다. 그 또한 젊었을 적 혼란스러운 정국에서 정치에 입문하여 오랫동안 자신의 생존을 걱정하면서 성장했던 만큼 이 당시 큰아들이 맞이할 고려사회의 정치적 환경이 얼마나 위태로운 것인지 그 누구보다도 잘 알고 있을 수밖에 없었다.

5월 29일, 자신의 병세가 더욱 위중해지자 왕건은 신덕전(神德殿)에 옮겨서 학사(學士) 김악(金岳)에게 명하여 유언을 작성하게 했다. 글이 완성되었는데도 왕건이 아무 말이 없기에 좌우에서 목 놓아 크게

곡하였다. 아마도 왕건의 숨이 끊어진 것으로 여겼던 모양이다. 이에 놀란 왕건이 신하들에게 말하였다.

"이게 무슨 소리인가?"

"성상께서는 백성의 부모이신데 오늘 신하들을 저버리려 하시니 애통함을 참을 수 없습니다."

"원래 인생이란 부질없는 것이거늘."

웃으면서 이와 같이 말을 마치고 잠시 뒤에 숨을 멈췄다. 태자 왕무, 여러 왕자, 종친 그리고 근신들까지 모두 땅을 치며 울부짖었다. 관료들은 내의성(內議省) 문밖에 차례대로 도열해 있었다. 안에서 왕건의 임종을 지키고 있던 왕규가 나와서 왕건의 다음 왕위계승에 대한 유지를 선포하였다.

"내외의 모든 신료들은 모두 동궁(東宮)을 따르도록 하라."

동궁은 정윤을 가리키는 또 다른 말이었다. 이로써 왕건의 뜻에 따라 맏아들 왕무를 차기 국왕으로 선언한 것이었다. 이에 드디어 왕무가 왕위에 올라 신하들과 함께 통곡하였다. 그가 곧 제2대 혜종(惠宗)이다.

6월 2일, 상정전(詳政殿)에서 발상하고, 이어서 대표로 김악이 왕건의 유언을 발표하였다. 자신의 장례와 무덤은 모두 검소하게 하라는 내용이었다. 다음날 상정전의 서쪽 계단 쪽에 빈소를 차렸다.

6월 24일, 조전(祖奠), 즉 발인하기 전 이별을 고하는 제사의식을 행하였다. 이때 왕건에게 태조(太祖)라는 묘호가 주어졌다. 태조는 처음 나라를 세운 이에게 주어지는 것이었다. 태상경(太常卿)은 태조 왕건 생전의 업적을 칭송하는 시책(諡册)을 읽고, 고려사회 최고직위인 시중(侍中)을 대리하고 있던 예빈령(禮賓令) 원보(종4품) 왕인택(王仁澤)은 소를 제물로 바쳤다.

그리고 6월 26일, 태조 왕건을 현릉(顯陵)에 장사지냈는데, 유언에 따라 검소하게 진행하였다. 먼저 세상을 뜬 제1비 신혜왕후 유(柳)씨가 부장되었다. 개경에서 그리 멀지 않은 경기도 정주(貞州) 출신인 그녀는 태조가 젊었을 적 처음 만난 여인으로 비록 둘 사이에 자식은 없었지만, 왕건을 고려의 국왕으로 만든 실질적인 일등공신이었다. 참고로 현재의 현릉은 개성시 서쪽의 만수산 줄기 남쪽 능선에 있다.

이제 고려의 국왕은 정식으로 왕무, 즉 혜종이 되었다. 그는 태조의 맏아들로 어머니는 전라도 나주(羅州) 출신인 장화왕후(莊和王后) 오씨(吳氏)였다. 그녀의 아버지는 오다련군(吳多憐君)으로, 대대로 나주의 목포(木浦)에서 살아왔다. 그녀의 집안은 지역 유지이긴 하였으나 외가 쪽이 신라 골품으로 17관등 중 8등급인 사간(沙干) 정도인 것으로 보아 6두품쯤 되었을 테니 유력 가문까지는 못되었던 듯하다.

— 아버지 : 태조 왕건
— 어머니 : 제2비 장화왕후 오씨
— 형제자매 : 없음(※ 이복동생들만 존재)
— 배우자 : 의화왕후(임희의 딸), 후광주원부인(왕규의 딸), 청주원부인(김긍률의 딸), 궁인 애이주(연예의 딸)
— 자식 : (의화왕후) 흥화궁군(성명 미상) 및 경화궁부인(제4대 광종의 아내) / (궁인 애이주) 왕제

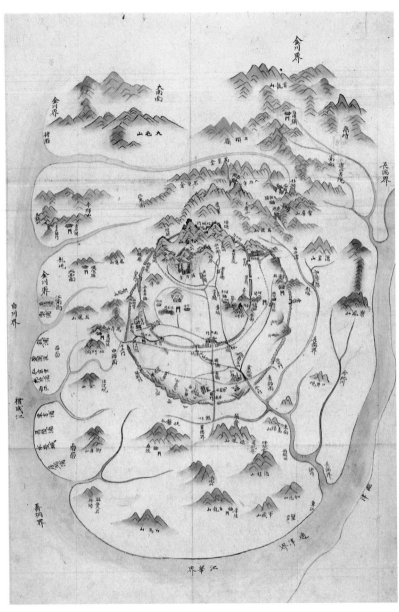

개성전도(19세기) 규장각한국학연구원

태조가 처음 그녀를 만난 에피소드가 전해진다. 당시 태봉국의 해군 장군으로 후백제와의 대결을 위해 나주로 출진하였던 태조는 도착하여 목포에 정박하였고 그때 우연히 강기에서 빨래하고 있던 그녀를 보았는데, 아마도 한눈에 마음에 들었던

나주 완사천 문화재청

지 그는 그녀와 만난 첫날 잠자리를 가졌다.

이후 태조는 수도에 돌아와서는 신혜왕후와 지냈고, 나주에 내려가서는 장화왕후를 사실상의 부인으로 대우하며 생활하였다. 그가 아내로서 존중했던 여인은 제1비 신혜왕후, 사랑했던 여인은 제2비 장화왕후였던 것 같다. 대외적으로는 신혜왕후를 고려국왕의 공식적인 왕후로 책봉했지만 안타깝게도 자식을 낳지 못하자 그가 장화왕후와의 사이에서 태어난 아들을 정윤으로 삼으려고 했던 것을 보면 말이다.

혜종 왕무는 912년 태조가 아직 한창이던 36세의 나이에 처음 낳은 자식이었다. 그의 첫째 아들에 대한 사랑은 그 무엇에도 비할 바가 없었다. 분명 어머니 장화왕후에 대한 사랑이 그대로 전해진 것이었으리라. 921년 12월에 열 살의 나이로 왕무는 정윤 즉 공식 후계자가 되었지만, 그렇게 인정받기까지는 어려움이 많았다. 태조는 총 29명의 아내들로부터 딸을 제외하고도 25명이나 되는 아들을 두

었으니 다음 왕위를 계승하기 위한 경쟁은 아주 치열할 수밖에 없었다. 태조는 왕무의 나이 7세가 되던 무렵에 이미 장자인 그를 왕위계승자로 삼을 생각을 하고 있었지만 장화왕후 쪽 집안이 다른 처가들에 비해 상대적으로 약해서 경쟁자들에게 밀려 왕위를 물려받지 못할까 걱정하였다.

어느 날 몰래 태조는 낡은 옷상자에 자신의 옷을 담아 장화왕후에게 건네주었다. 그녀는 그것을 열어보고는 남편의 뜻을 깨닫고 고민하다가 대광(정2품) 박술희에게 보여주었는데, 이는 장화왕후가 그를 정치적 파트너로 택한 것임을 말해준다. 박술희 또한 태조의 뜻을 깨닫고 장화왕후의 제안을 받아들였다. 그러고는 자신이 총대를 메고 큰아들 왕무를 정윤으로 세우자고 주장함으로써 태조의 후계구도 정립을 공론화하는 데 앞장을 섰다.

왕무가 정윤이 되는 데 3년이나 걸렸다는 사실은 그만큼 다음 왕위에 대한 물밑 경쟁이 뜨거웠음을 말해준다. 아마도 당시 왕태(王泰)라는 둘째 아들을 낳은 제3비 신명순성왕태후를 비롯한 잠재적인 왕위계승 가능권에 드는 호족들의 반발이 거셌을 것으로 짐작된다. 이 작업을 완수하기 위해 태조와 장화왕후는 진주(鎭州, 충북 진천) 출신인 대광(정2품) 임희(林曦)를 또 다른 파트너로 끌어들였다. 이때의 협상은 고향이 서로 멀지 않은 혜성군(槥城郡, 충남 당진) 출신인 박술희가 나서지 않았을까 싶은데, 임희는 918년 고려 개국 시 병부령(兵部令), 즉 국방부장관이 되는 창업공신 중 한 명이었다. 평소 품성이 단정하고, 사무처리가 공정하며 성실하다는 평이었다. 임희의 딸 의화왕후를 왕무와 혼인시키는 조건으로 이 동맹은 완성되었던 것 같다.

그래서 왕무가 정윤이 되는 것과 동시에 의화왕후가 그녀의 아내가 되었다.

임희의 합세로 왕무 세력은 더 확장할 수 있었다. 예컨대 임희와 함께 개국 시에 창부경(倉部卿), 즉 재무부차관이 된 김견술(金堅術) 같은 이가 왕무의 또 다른 후원자가 되어주었다. 일찍부터 업무에 숙달하였고, 청렴하고, 몸을 삼가며, 공무 처리에 태만하지 않고, 일을 판단하고 처리하는 데 민첩하여 사람들의 기대를 맞출 수 있는 인재로 일컬어졌다. 참고로 김견술의 행적은 더 이상 나타나지 않지만, 혜종의 공신으로 선정되는 것으로 보아 왕무의 재임 시 중요한 역할을 담당하였던 것으로 보인다.

그리고 시점은 정확히 알 수 없지만 아마도 정윤 시절에 경기도 광주(廣州) 출신인 왕규의 딸도 왕무와 맺어준 듯하다. 왕규는 태조에게도 두 딸을 내어준 바 있으니 제1대 태조와 제2대 혜종에 이르기까지 연속으로 외척이 되는 인물이다. 300여 명의 파당을 거느리고 있었다는 것으로 보아 자체적인 세력을 갖추고 있던 모양이다. 왕규는 혜종을 위협하는 세력들을 제압하는 가장 핵심적인 역할을 맡게 된다.

이후 왕무는 정윤으로 20년 넘게 있으면서 태조로부터 왕위 수업을 받고 때때로 아버지의 빈자리를 대신하면서 현장 실습을 완벽하게 수행해냈다. 그는 그 기간 동안 스스로 낮추는 법을 배웠다. 스승을 존경할 줄 알았고, 외부 손님이나 관료들을 만날 때면 잘 응대하여 좋은 평판을 만들어나갔다. 또한 그는 기상과 도량이 넓고 크고, 지혜와 용맹함이 뛰어났으며, 후백제와의 전쟁에서도 태조를 따라 종군하여 용맹을 떨치며 선봉에 섰을 만큼 공이 으뜸이었다는 평을 들을 정도였다.

이러한 그의 일관된 처세는 외적으로는 일면 완벽해 보일지 모르겠으나, 한편으로는 항상 노심초사하며 세간의 기대에 맞춰 완벽한 국왕이 되어야 한다는 중압감에 시달린 탓에 그의 내면을 금세 소진하는 결과가 되기도 했다. 그에게는 얼굴에 주름이 많아 '주름왕(皺王)'이라는 별명이 있었는데, 혹 그러한 경쟁에 치여 어렸을 때부터 너무 마음고생이 심해서 겉늙은 것은 아닌가 싶기도 하다. 더욱이 오래도록 계속되는 위협을 느껴서였는지 몰라도 기이한 행동을 하는 습관이 있었다. 그는 평소 늘 물을 잠자리에 부어두었으며 또 큰 병에 물을 담아두고 팔 씻는 것을 좋아했는데, 이로 인해 사람들로부터 과연 용(龍)의 아들이라는 말을 듣기도 했다.

참고로 고려의 왕가는 용의 후예라는 일종의 미신 같은 자부심이 있었다. 후대에 우왕이 공민왕의 아들이 아니라 신돈의 자식이라는 소문이 돌았을 때도 그를 지지하는 이들은 "우왕의 왼쪽 어깨 위에 바둑돌만 한 비늘이 있었다"라고 믿었다. 이는 고려 왕조가 개창하던 당시 왕실의 역사를 만들면서 용왕의 핏줄이 흐른다는 건국신화를 붙여넣었기 때문인데, 이와 마찬가지로 아마도 왕무는 자신의 왕위계승에 대한 정당성을 부계 혈통으로 보완하고자 하는 마음이 있었던 것 같다.

천흥사 동종(용머리 부분) 문화재청

　그러면 이 당시 혜종의 경쟁자 측 상황은 어떠했을까? 우선 태조의 아내는 공식적으로 무려 29명이나 되었지만, 모두가 자식을 낳은 것은 아니었다. 그런데도 총 25명의 아들과 9명의 딸이 있었다. 딸은 더 있었을 듯한데 역사편찬자가 중요도가 떨어진다고 판단해서 일부 제외한 것이 아닐까 싶다. 또 아내들 사이에서도 순위가 있어서 6명은 왕후(王后, 당대의 표현으로는 대부인), 나머지는 부인(夫人)으로 격차가 존재했다. 이에 따르면 왕위 계승에 있어서 주로 우선순위가 높은 왕후급 자식들 간의 경쟁이 되었다. 이들만 우선 살펴보자(참고로 왕대후는 손자가 왕위에 올랐기에 왕후 대신 왕대후가 된 것이다).

순위	왕후	장인	출신지	자식
1	신혜왕후 유(柳) 씨	유천궁	정주 (경기도)	—
2	장화왕후 오(吳) 씨	오다련군	나주 (전라도)	혜종(왕무)
3	신명순성왕태후 유(劉) 씨	유긍달	충주 (충청도)	태자(왕태), 정종(왕요), 광종(왕소), 문원대왕(왕정), 증통국사, 낙랑공주, 흥방공주
4	신정왕태후 황보(皇甫) 씨	황보제공	황주 (황해도)	대종(왕욱王旭), 대목왕후
5	신성왕태후 김(金) 씨	김억렴	경주 (경상도)	안종(왕욱王郁)
6	정덕왕후 유(柳) 씨	유덕영	정주 (경기도)	왕위군, 인애군, 원장태자, 조이군, 문혜왕후, 선의왕후

이를 보면 태조의 결혼이라는 것은 결국 정치적인 것이었고 거의 지방균등책을 표방하고 있음을 알 수 있다. 제1비인 신혜왕후는 자식이 없어서 경쟁의 대상에서는 처음부터 제외였다. 혜종은 장남으로서 왕위 계승에서는 유리했지만, 그 외에는 여러모로 열세였다. 우선 외가가 가장 거리가 먼 곳이고 또 다른 경쟁자들보다 집안 배경이 취약했다. 그런 반면에 제3비인 신명순성왕태후의 가문은 거리는 그다지 가깝지 않았지만 대신 배경이 든든하다는 점에서 가장 유리했다. 게다가 자식을 7명이나 낳은 것만 보아도 태조와 관계도 좋았던 것 같다.

또 제4비 신정왕태후는 자신에게도 아들이 있긴 했지만, 근친혼이긴 해도 딸 대목왕후를 제2비의 셋째아들 왕소와 혼인시킴으로써 두 가문은 일종의 전략적 제휴 관계로 올라설 수 있었다. 그리고 제

5비인 신성왕태후는 고려의 전신인 신라 출신이라는 점이 특징으로, 그녀의 아들 왕욱(王郁)이 불륜이긴 하나 제8대 현종 왕순(王詢)을 낳는다. 제6비 정덕왕후는 마치 제1비가 후계가 없자 같은 정주(개경에서 5~6㎞ 거리) 출신으로서 그 자리를 대신하는 듯한 위치였는데, 그녀가 낳은 선의왕후가 제4비 신정왕태후의 아들 왕욱(王旭)과 혼인하여 제6대 성종 왕치(王治)를 낳으니 이 또한 정치적 협력관계였던 것으로 보인다.

권력의 순서를 살펴보자면, 우선 제2비 장화왕후가 아들이 왕위를 물려받음으로써 첫 승자로 도약하지만, 곧바로 제3비 신명순성왕태후의 반격을 받아 역전당하고, 그녀의 집안 역시 정종, 광종, 경종, 그리고 한 차례 건너뛰어 제7대 목종 왕송(王訟)에 이르기까지 연속으로 국왕을 배출하는 데에는 성공하지만, 제4비 신정왕태후와 제6비 정덕왕후의 합작으로 중간에 성종이 즉위하면서 이들 두 집안이 권력의 중심에 선다. 그러나 최종 승자는 제5비 신성왕태후였다. 그녀의 손자인 현종과 그 후손이 고려의 왕위를 계속 이어나가기 때문이다.

이는 한참 나중의 일이고, 우선은 이 당시 혜종의 가족부터 살펴보자.

즉위 당시 혜종에게는 부인이 네 명 있었다. 진주 출신인 대광(정2품) 임희의 딸 의화왕후, 광주 출신인 대광(정2품) 왕규의 딸 후광주원부인, 청주(淸州) 출신인 원보(종4품) 김긍률(金兢律)의 딸 청주원부인, 경주(慶州) 출신인 대간(大干) 연예(連乂)의 딸 궁인 애이주(哀伊主)가 그녀들이다. 김긍률은 혜종뿐만 아니라 동시에 이복동생 왕요에게도 장인이 되는 존재였다. 아마도 청주를 기반으로 한 호족이겠으나 세력이 크지는 않았던 듯 원보(종4품)까지만 올랐다. 연예는 그의 딸이 왕후는커녕 부인도 못 되는 궁인에 불과했던 것을 보면 그다지 유력 인물은 아니었던 모양이다.

혜종에게는 아들이 두 명 있었는데, 의화왕후와의 사이에서는 흥화궁군(興和宮君)이 태어났고, 애이주는 태자 왕제(王濟)를 낳았다. 여기서 흥화궁군은 이름도 전해지지 않는데, 아마도 후대에 모종의 사건에 휘말려 목숨을 잃고, 기록도 함께 유실된 것이 아닌가 짐작된다. 그리고 왕제는 자식을 낳지 못해서 대가 끊겼다. 딸은 셋이었는데, 의화왕후의 소생으로는 경화궁부인과 정헌공주가 있고, 명혜부인은 애이주의 소생이다.

정상적이라면 혜종의 다음 왕위계승은 의화왕후와의 사이에서 낳은 흥화궁군이 되어야 했을 것이다. 하지만 현실은 그리 녹록지 않았음을 곧 보게 된다.

배경이 취약했던 혜종에게는 믿을 만한 후원자가 필요했다. 앞서 본 것처럼 이들은 뛰어난 정치적 안목을 갖춘 아버지와 어머니가 직접 지정해주었다. 대표적인 인물은 곧 박술희와 왕규였다. 이 둘은 서로 사이가 썩 좋지는 않았던 모양이지만 그건 차치하고, 어쨌든 혜종이 끝까지 신뢰할 수 있었던 얼마 안 되는 소중한 인맥이었다.

박술희는 용감한 성격으로 유명했는데, 독특하게도 고기를 좋아하여 두꺼비, 청개구리, 거미 등 먹을 수 있는 모든 고기를 먹었다. 18세에 궁예의 호위무사가 되어 사회경력을 시작하였으나, 나중에 태조에게 가담하여 신생 고려에서 승승장구하며 군공을 세워 마침내 대광(정2품)의 지위에까지 올랐다. 그는 태조의 뜻을 받들어 혜종의 왕위계승을 주장하였고 혜종이 왕위에 올라서도 끝까지 신의를 지킨 인물로 혜종 즉위 후에 일종의 호위대를 자처하며 병사 100여 명을 거느리고 다녔는데, 문제는 그것이 나중에 그가 제거되는 사유가 되었다는 점이다.

그가 얼마나 태조의 신뢰를 받았는지는 혜종 즉위에 대한 부분 외에도 그가 태조의 유훈인 「훈요(訓要)」를 전달받은 이라는 데에서도 알 수 있다. 태조가 승하하기 바로 한 달 여 전인 여름 4월에 그는 태조의 부름을 받고 내전(內殿)에 들어와서 태조로부터 친히 「훈요」를 전달받았다. 이 「훈요」의 도입부는 다음과 같이 시작한다.

> 나는 한미한 가문에서 시작하여 운이 따라주어 사람들의 추대를 받게 되었다. 여름엔 더위를 두려워하지 않고 겨울엔 추위를 피하지 않으면서 이 한 몸 불사르며 많은 고민을 한 끝에 19년 만에 삼한을 통일하고 왕위에 오른 지 25년이나 되었고 몸은 벌써 늙고 말았다. 이제 남은 걱정은 후대에 마음 내키는 대로 하고 싶은 것을 하여 국가의 기강을 어지럽힐지 모른다는 것뿐이다. 이에 「훈요」를 지어 후세에 전하니, 부디 항상 참고하여 오래도록 새겨듣기를 바란다.

우리는 흔히 이를 「훈요십조」라고 알고 있는데, 이는 10개 조항으로 구성되어 있어서 그렇게 부르는 것일 뿐 정식명칭은 그냥 「훈요」

이다. 이 훈요의 조항마다 끝은 모두 "마음속에 이를 간직하라"는 말로 마무리되는데, 이는 곧 후대의 왕들에게 이를 전하면서 반드시 지키라는 당부의 뜻이었다.

이 훈요십조에 대해서는 위작설이 아직도 끊임없이 제기되는데, 그것은 바로 이 훈요가 전란의 와중에 한 차례 소실되었다가 나중에 왕가도 아닌 신하의 집에서 발견되어 세상에 다시 알려지기 때문이다. 특히 내용 중에 전라도 폄훼 발언처럼 보이는 부분이 포함되어 있어 조선 시대부터 지금껏 이에 대한 편견이 많이 유포되는 바람에 전라도 차별의 근거로 제시되기도 하였다.

아마도 추정컨대 일부 가필이나 왜곡은 있었을지 몰라도 기본적으로 훈요의 존재는 사실이었던 듯하다. 내용에 대한 정합성은 확인할 길이 없지만, 태조가 박술희에게 전했다는 기록은 최제안(崔齊顏)이 최언위의 손자인 최항(崔沆)의 집에서 이를 다시 발견하였다는 내용과는 별개의 것이기 때문이다. 가장 논란이 되는 부분인 전라도 지역에 대한 차별로 잘못 활용되어온 "차현 이남과 공주의 강 바깥(車峴以南, 公州江外)"이라는 문구에 대해서는 어느 순간부터 차령과 금강으로 치환되어 전라도 전체 지역을 가리킨 것처럼 해석된 것과 달리 태조 왕건을 말 그대로 괴롭혔던 청주 지역에 국한된다는 해석도 있어 이를 지적해둔다.

어쨌든 이처럼 태조의 전폭적 신뢰를 받았기에 박술희가 장화왕후의 편에 서서 혜종의 즉위를 위해 발로 뛰자 그들의 뜻대로 혜종은 왕위에 오를 수가 있었다. 참고로 박술희의 출생연도는 밝혀져 있지 않지만, 궁예가 901년 후고구려를 세운 시점 전후에 그가 사회

초년생으로서 처음 등장한 것으로 계산해보자면 884년 무렵에 태어났을 것으로 보이고 그렇다면 혜종 즉위 당시의 나이는 약 60세가 될 것이다.

왕규는 앞서 보았다시피 태조의 임종을 지킨 3대 재신 중 한 명이었다. 태조이 사망 직후 유언을 선포했던 것도 그였다. 더우이 태조에게 자신의 두 딸을 바침으로써 혈연관계까지 맺었다. 그만큼 그가 갖는 상징성은 고려사회에서 클 수밖에 없었다.

하지만 희한하게도 그에 대한 기록은 거의 찾아보기 힘든데, 아마도 나중에 반역자로 낙인찍히면서 로마 식으로 표현하자면 '기록말살형(Damnatio memoriae)'에 처한 것이 아닌가 싶다. 그의 활약상은 937년에 후진에 황제 즉위 축하사절로 파견되었던 것이 전부이다. 혹자는 그를 태조의 공신인 광평시랑(廣評侍郞) 함규(咸規)로 보기도 하지만 정확지는 않다. 아마도 태조 시대에 중요한 활약을 하였기 때문에 태조의 장인이 될 수 있었을 것은 분명하다.

어쨌거나 혜종에게 박술희가 무신을 대표한다면 왕규는 호족을 대표하는 인물이었다. 특히 왕규의 지역기반은 경기도 광주였다. 혜종에게 부족한 집안 배경을 뒷받침해주기에 왕규는 적합한 존재였다. 그렇기에 태조는 맏아들 혜종에게 왕규의 또 다른 딸을 맺어줌으로써 세력 균형을 위한 정치적인 안전장치를 마련해둔 것이었다.

왕규도 박술희처럼 병사들로만 구성한 것은 아니었겠지만, 별도로 300여 명의 파당을 결성하여 혜종을 보호하려고 하였던 모양이다. 그 역시 그것이 나중에 문제가 되지만 말이다.

결국 이상과 같이 박술희와 왕규가 두 축이 되고, 태조의 개국공신인 임희와 김견술이 보조 역할을 하는 형태로 혜종의 후원세력이 구성되었다. 이것만 봐서는 꼭 나쁘지만은 않은 인적 구성이었다. 하지만 여기에서 문제는 여타 경쟁자들보다 이 집단의 결집력이 떨어진다는 점이었다. 그리고 무엇보다도 이를 조율하고 리드해야 할 혜종에게 강력한 리더십이 부족했다는 점이 그의 패착이 된다.

어쨌거나 혜종은 943년 즉위 얼마 후 진봉하등극사(進奉賀登極使)로 광평시랑(廣評侍郞) 김인봉(金仁逢)을 후진(後晉, 936~946)에 파견하였다. 그는 11월 27일에 도착하였는데, 불과 10여 일 만인 12월 10일에 2차로 대상(정4품) 왕신일(王申一)이 사신으로 후진에 당도했다. 왕신일은 여기서 왕자로 표현되어 있는데, 앞서 941년에 한 차례 후진을 방문하기도 했지만 이보다도 전인 918년에 진훤의 사절을 영접했던 광평시랑 한신일(韓申一)과 동일인물로 여겨지기 때문에 나중에 왕 씨를 받았을 수는 있으나 태조와 혈연관계는 없었을 가능성이 커 보인다. 어쨌든 무엇이 그리 급했는지는 모르겠지만, 기본적으로 이때의 사신들은 혜종의 즉위를 알리고 왕위계승을 국제적으로 인정받기 위해서 후진을 방문한 것은 분명하다.

1차 방문자 리스트
— 정사 : 정조(정7품) 전 광평시랑(廣評侍郞) 주국(柱國) 단금어대(丹金魚袋) 김인봉(金仁逢)
— 부사 : 예빈경(禮賓卿) 주국(柱國) 단금어대(丹金魚袋) 김유가(金裕可)

— 판관 : 병부랑중(兵部郎中) 장규가(張規可)

2차 방문자 리스트
— 대상(정4품) 창부령(倉部令) 상주국(上柱國) 사자금어대(賜紫金魚袋)
　 왕신일(王申一)
— 정조(정7품) 광평시랑(廣評侍郎) 주국(柱國) 단금어대(丹金魚袋) 유형
　 훈(柳逈訓)
— 광평랑중(廣評郎中) 한리강(韓李康)
— 광평랑중(廣評郎中) 박원신(朴元信)
— 병부주사(兵部主事) 위안(韋安)

　944년 1월, 두 차례로 나뉘어 방문한 이들에게 후진에서는 명목뿐이긴 했지만, 관직을 내려주었다. 그다음 회신에 대한 기록은 없으나 어쨌든 이는 곧 혜종을 고려의 국왕으로 인정하였음을 의미한다.

　이다음 945년에 곧바로 후진 측에서 범광정(范匡政)과 장계응(張季凝)을 보내왔다고 『고려사』는 기록하고 있지만, 상대방 측은 이 일을 945년 연말의 일로 적고 있어서 앞뒤를 따져보면 『고려사』의 기록이 부정확한 것 같다. 고려와 후진은 여러 차례 사신을 주고받았을 텐데 고려에서는 초기의 기록들이 전란으로 유실되어 차후에 역사를 재구성하는 작업 중에 혼선을 빚은 모양이다.

　어쨌거나 이와 같은 외교적 행동 외에는 혜종 당시의 치적은 전해지는 것이 아무것도 없다. 이 이후에는 마치 암살 걱정만 하다가 치

세가 다 지난 것과 같은 느낌이 들 정도이다. 기록은 충실히 전해지지 않지만 그만큼 혜종의 집권기는 위기로 일관되어 있었다. 어느덧 그의 치세도 끝을 향해 달려가고 있었다.

945년 어느 시점인가에 대광(정2품) 왕규가 혜종의 두 이복동생 왕요와 왕소의 반란 동향을 밀고하였다. 그런데 혜종은 이 충격적인 소식에도 불구하고 동생들에 대해 적극적인 대응을 하지 않았다. 오히려 혜종은 자신의 딸을 21살의 왕소와 결혼시키는 예상 외의 결정을 내린다. 그녀는 경화궁부인(慶和宮夫人) 임씨(林氏)였다. 나이는 정확지는 않으나 혜종이 의화왕후 임씨와 결혼한 시점이 921년 12월이었고 이때는 아직 혜종이 10살에 불과하니 좀 더 커서 15세 내외에 임신할 수 있었다고 한다면 아무리 빨라도 926년 이후에 태어났을 것은 분명하다. 그렇다면 925년생 왕소보다 약간 어린 나이에 시집온 것은 아니었을까 싶다. 혜종은 강력한 호족 집안을 외가로 배경에 둔 두 동생을 적으로 돌리기보다는 어떻게든 포용해보고자 노력한 것이었다.

혜종의 동생들 동향을 밀고한 왕규(王規)는 경기도 광주(廣州) 지방의 호족 출신이었는데, 태조는 물론 혜종에게도 자신의 딸을 들인 말 그대로 2대에 걸친 외척에 해당하는 인물이었다. 아마도 나이는 박술희와 비슷하지 않았을까 짐작되는데, 그는 박술희와 함께 혜종의 든든한 뒷받침이 되어준 인물이었다. 박술희가 전면에서 혜종의 즉위를 도왔다면 왕규는 뒤에서 혜종의 궂은일을 도맡아 하였던 것으로 보인다.

후대에 편찬된 역사서에서는 그가 이 사건 이후에 혜종을 제거하기 위해 반란을 모의하였다고 하면서, 그것은 결국 자신의 딸 소광주원부인(小廣州院夫人)과 태조 사이에서 태어난 광주원군(廣州院君)을 차기 국왕으로 옹립하기 위함이었다고 단정 짓고 있다. 하지만 이는 말 그대로 음모론에 불과하다.

우선 기본적으로 태조의 자식 중에 왕위에 오를 수 있는 대상은 '부인(夫人)'이 아니라 순위가 높은 '왕후(王后)'급 정도에게서 태어난 자식이어야 했다. 더욱이 소광주원부인은 공식적으로 29명의 태조의 아내 중에 겨우 제16비에 불과했다. 순서에서도 한참 밀리는 것이다. 게다가 왕규는 혜종의 장인이기도 했다. 자신의 딸인 후광주원부인이 아직 혜종의 자식을 생산하지는 못했지만, 그렇더라도 아직 기회가 있는데 당장 무리해서 혜종을 밀어낼 이유가 별로 없었다.

여기서 한 가지 기록을 주목해보자. 태조 대부터 두각을 나타내어 고려 조정에서 천문 예측을 담당해온 최지몽(崔知夢, 907~987)이 여러 차례 왕규의 반란을 혜종에게 보고하였다고 하는데, 그런 그가 혜종 사후 왕요가 정종으로 즉위한 다음에 정종으로부터 포상을 받는 기이한 일이 있다.

정종이 즉위하자 왕규를 주살하였고, 최지몽이 일의 기미를 몰래 아뢴 것을 포상하여 노비, 말, 은그릇 등을 하사하였다.

이 말인즉 최지몽이 자신의 정보를 혜종이 아니라 왕요에게 제공해주었다는 것을 의미한다. 즉 그는 왕요에게 줄을 대고 있었다. 그리고 최지몽은 단순한 천문 관측자가 아니라 각종 중요 정보를 파악하고 동향을 관리하는 역할을 수행하는 위치에 있었다. 사실 그는 전남 영암군(靈巖郡) 출신으로 굳이 지역을 따지자면 장화왕후와 혜종에 줄을 서는 쪽이 유리했을 텐데도, 정치 동향에 매우 밝았던 인물이었던 만큼 돌아가는 형세상 왕요 측이 유리하다고 이미 판단하였던 것이 아닐까 싶다. 그가 수집하는 정보들은 매우 값진 것이어서 그가 그런 동향들을 누구에게 제공하느냐에 따라 정권의 향방은 좌지우지될 수밖에 없었다. 왕요 측은 그 고급정보를 최지몽으로부터 비싼 값에 샀던 것이다.

즉 반란의 주체는 왕규가 아니라 왕규의 보고대로 왕요 그리고 부분적으로는 왕소의 세력이 맞았다. 따라서 이 당시 승자들이 기록한 역사서술에서 왕규와 혜종의 관계는 왕규와 차기 국왕인 정종 왕요의 관계로 치환해서 보아야 앞뒤 문맥이 맞아떨어진다. 왕규는 혜종의 강력한 경쟁상대인 왕요를 견제하는 역할을 맡았던 것이다.

당시 고려 사회는 혜종의 노력과 상관없이 끝없는 격랑 속으로 빠져들고 있었다. 순암 안정복(安鼎福, 1712~1791)의 『동사강목(東史綱目)』에 인용된 「속통전(續通典)」에 묘사된 당시 사회의 모습을 한번 살펴보자.

> 왕무(혜종)가 국사를 맡았으나 그 아비의 대신들과 화합하지 못하고 서로 싸웠다. 내부의 혼란(內難)이 조금 평정되었지만… (이하 생략)

즉 혜종은 태조 대의 대신들과 대립하는 상황이었는데, 어느 정도 혼란은 정리하였지만 여전히 위태로운 대결구도는 해소된 것이 아니었다는 뜻이다.

혜종의 후원자인 왕규는 혜종을 대신해서 경쟁자들을 제압하고자 동분서주하였다.

언젠가 밤에 왕요가 깊이 잠든 틈을 타서 왕규는 자신의 부하들을 침실에 잠입하게 하여 그를 제거하려고 하였다. 왕요가 이를 눈치채고 한 주먹에 그들을 때려죽인 후 주위에 명하여 끌어내게 함으로써 이 암살 시도는 실패로 돌아갔다. 중국 측 기록에 따르면 정종 왕요는 용감하고 힘이 강해서 쉽게 쇠갈고리(鐵鉤)를 굽힐 정도였다는 평이 전해진다. 그런 왕요였기에 암살자들을 완력으로 제압할 수 있었을 것이다. 공식기록은 왕규가 타겟으로 한 것은 혜종이라고 나와 있지만, 왕규가 실제로 노린 인물은 혜종의 정적인 왕요였으니 이처럼 왕요에 대한 테러로 봄이 마땅하다.

또 하루는 왕요가 몸이 불편하여 집에서 쉬고 있었는데, 최지몽이 최신 정보를 귀띔해주었다.

"가까운 시일 내에 장차 변고가 있을 것이니, 때를 보아 장소를 바꾸시는 것이 좋겠습니다."

이에 왕요는 몰래 숙소를 옮겼다. 왕규가 밤에 자객을 보내 벽에 구멍을 뚫고 들어가게 하였는데, 침실은 이미 비어 있었다. 후에 왕규가 최지몽을 만나자 칼을 빼들고 욕을 하며 말했다.

"왕요가 거처를 옮긴 것은 분명 당신 계책일 것이오!"

최지몽이 끝까지 실토하지 않자 왕규도 어쩔 수 없이 물러갔다.

이 소식을 전해들은 혜종은 비록 왕규가 벌인 행동임을 알고 있었지만, 문제 삼지는 않았다. 그리고 왕요는 나중에 왕위에 올라 자신에게 왕규의 동향을 알려준 최지몽에게 포상을 했다. 당초 이 에피소드의 암살 대상은 혜종으로 나와 있지만 이처럼 왕요로 치환해서 보아야 정황상 맞아떨어짐을 알 수 있다.

하지만 혜종은 왕규의 도발에 대해 왕요 등이 언제든지 반격을 해올 것을 예감하고는 의심과 걱정이 많아져서 항상 무장한 병사들로 자신을 호위하게 하고 몰래 숙소도 신덕전(神德殿)에서 중광전(重光殿)으로 바꾸는 등 대처에 신경을 쓰지 않을 수 없었다. 이렇게 스트레스에 시달리게 되자 그는 점점 조울증이 심해져 하루에도 기분이 여러 차례 오락가락하였으며, 자신의 안전을 지키기 위해 소인배라 할지라도 등용하고, 장수와 병사들에게도 수시로 상을 내려 자신의 편으로 삼으려고 노력하였다. 아무리 방어적인 행위라고는 해도 혜종의 스트레스에 북받친 모습이 점차 대중에게 노출되면서 여론도 그에게서 등을 돌리기 시작했다.

이 무렵 언젠가 드디어 왕요 일파는 본격적인 행동에 착수했다. 서경의 실력자인 왕식렴(王式廉, ?~949)을 개경으로 불러들인 것이다. 병사의 수는 정확하지 않지만 박술희가 거느린 100여 명, 왕규가 거느린 300여 명을 합친 것보다는 압도적으로 많았을 것으로 보인다. 나중의 일이긴 하지만 60여 년 후에 서북면 도순검사 강조(康兆)가 쿠데타 시 동원했던 서경의 병력이 5,000명이었던 것을 보면 왕식렴도 그만큼은 아니어도 서경에서 상당수의 병력을 운용할 여지가 있었을 것으로 짐작해볼 수는 있다. 더욱이 그뿐 아니라 숫자는 미상이지만 박수경도 사병들을 동원하였음이 분명하고, 아마도 왕요와 왕소의 외가 쪽에서도 무장 지원에 나섰을 것이다.

이들의 대규모 병력이 수도로 진주해오자 개경은 말 그대로 혼란의 구렁텅이에 빠지고 말았다. 왕식렴과 박수경 등의 대대적인 군사적 개입까지는 미처 예상치 못했던 데다가 수적으로 밀려버리는 바람에 왕규는 왕요 형제와 호족 집단의 연합세력에 마땅히 대항할 카드가 없었다.

이들은 이처럼 왕규 등이 본격적으로 움직이기 전에 먼저 행동에 돌입하였는데, 공식 기록들도 왕규 및 박술희가 다른 뜻(異志)을 가지고 있음을 간파한 왕요 세력이 선제적으로 대응에 나선 것이라고 밝히고 있다. 이는 곧 왕규든 박술희든 친혜종파가 아직 후에 정종이 되는 왕요에 대해 '반역' 행위를 하기 전에 그가 먼저 손을 쓰기 위해 나선 것임을 분명히 말해준다. 후에 왕규를 쿠데타 혐의로 반역자로 몰아세워 죽음에 이르게 하였지만, 결국엔 실제 쿠데타는 왕요와 왕식렴 등이 일으킨 것이라는 사실을 스스로 입증한 셈이다.

가을 9월, 혜종은 병환이 위독하다는 이유가 붙어서 중광전에서 사실상 가택연금 상태에 들어갔다. 공식기록상에는 혜종의 측근들이 가로막아 신하들조차 그를 만날 수가 없었다고 하지만, 이는 사실 거짓으로 보인다. 그를 중광전에 감금한 것은 왕요의 쿠데타 세력이었을 것이다.

왜냐하면 혜종이 정말 단순히 건강상의 이유만으로 몸져누워 있던 상황이었다면 자기 아들인 흥화궁군을 서둘러 정윤, 즉 후계자로 지목하여 왕위승계를 준비했어야 하는데 그는 왕요를 포함해 누구에게도 왕위를 전해주려는 시도조차 하지 않았다. 혜종은 스스로 유폐되었을망정 자신을 공격해온 세력들에게 백기투항할 생각은 눈곱만치도 없었다. 또 당시의 기록들에 따르면 왕요가 오히려 "여러 신하들이 옹립하여" 왕위에 오른 것으로 나타난다. 분명 강제적으로 왕위를 내놓으라는 공작이 가해졌겠지만, 혜종은 끝까지 버텼다. 그것이 그의 마지막 자존심이었을 것이다.

진실은 공식적인 기록만으로는 알 수 없지만, 항상 범죄에 있어 이로 인해 가장 이익을 보는 이를 행위의 주체로 의심하지 않을 수가 없다. 이 상황에서는 바로 왕요가 그런 존재였다. 그가 혜종 사후 왕위를 차지하니 말이다.

따라서 당시의 상황을 재해석해보자면 이렇다. 왕요는 왕식렴의 서경 군대를 동원해 왕규의 반발을 물리력으로 제압하고, 혜종을 중광전에 가두었으며, 가장 위협적인 무장이자 혜종의 호위를 담당하고 있던 박술희를 전격적으로 체포하여 강화도 인근으로 유배 보냈다가 곧바로 제거해버린 것이다.

당시 상황에 대해 동시대인인 최승로(崔承老, 927~989)의 목격담을 한번 들어보자. 그는 신라 말기 경주에서 태어나 어려서 가족을 따라 귀순하여 고려에서 성장하였으며, 후대인 성종 대에 시무(時務) 28조라는 개혁안의 제시를 통해 주목을 받은 이후 고려 정계에서 최고의 위치까지 오르게 되는 인물이다. 이 무렵엔 아직 스무 살도 안 된 젊은이였지만 사리분별이 가능한 성인으로 간주되는 나이였다. 그가 목격한 당시의 상황은 이러했다.

즉위한 다음 해(944년)에 곧 불치의 병을 얻어 침상에서 오랜 세월을 지내셨습니다. 이에 조정의 신하들과 현명한 선비들은 그 앞에 가까이 가지 못했고, 지방의 소인배들만이 항상 침실 안에 거처하였습니다. 그 병이 더욱 위독해질수록 신경질이 나날이 심해져서….

이 말이 맞다면 혜종은 944년부터 건강 이상이 왔다는 것인데, 혹 정적들의 오랜 공작으로 독살이 서서히 진행되어온 것은 아니었을까? 혜종도 건강했던 자신의 신체가 점차 무너지고 있다고 느끼자 그나마 믿을 수 있는 사람들을 고용해 신변의 안전을 지키고자 하였던 것이 아니었을까? 육체의 약화는 정신에도 영향을 미칠 수밖에 없다. 점점 신경질적으로 변한 혜종의 정신상태는 오랜 건강 이상의 영향이었을지도 모르겠다.

그리고 9월 15일, 혜종은 마침내 중광전에서 생명이 다했다. 왕위에 오른 지 겨우 2년이고 이때 나이는 아직 한창인 34세였다. 나이만 보아도 그의 죽음은 분명 정상적인 것은 아니었다. 정확한 사정은 알 수 없지만, 암살이든 독살이든 둘 중 하나였을 것이다.

혜종은 태조 치세에 오랫동안 동궁, 즉 태자로 있으면서 좋은 평판을 쌓아왔기에 처음 즉위하였을 때에는 고려사회에서도 기대가 컸다. 그는 기본적으로 도량이 넓고 지혜와 용기가 뛰어났으나, 계속되는 암살 위협에 시달리다 못해 군주로서의 체통을 잃을 정도로 극히 소극적인 모습을 보이게 되었고, 그것이 결국 강한 국왕을 기대하고 있던 조정 내의 여론을 잃는 계기가 되고 말았다. 현군이 될 수도 있었던 인물이었는데 안타까울 따름이다.

혜종은 모두를 포용하려다가 오히려 일을 그르쳤다. 집권 초기의 불안정한 정권을 안착시키기 위해서는 위협하는 세력들을 과감히 제압하는 정치적 행위도 필요했는데, 그의 패착은 그러지 못했다는 점에 있었다. 아무리 유력한 위치에 있던 동생들이라 하더라도 정말 필요하다면 왕규를 적극 지원하든 직접 뛰어들든 제거에 나섰어야 했을 것이다. 하지만 그는 공격 대신 방어 위주의 전략으로 대응하다 보니 왕요, 왕소와 같은 경쟁자들의 공세에 휘둘릴 수밖에 없었고, 결국에는 자신의 목숨마저 내어주는 역효과를 본 것이다.

그렇다면 혜종의 뒤를 이은 이는 과연 어떻게 이러한 혼란스러운 정국에 대응하였을까?

이날 바로 밑의 이복동생 왕요가 23살의 젊은 나이로 즉위하였다. 그가 곧 제3대 정종(定宗, 923~949, 재위 945~949)이다.

제 **2** 장

❀

정종 왕요의
서경 프로젝트

정종 왕요는 태조의 둘째 아들이며, 어머니는 충주의 호족 출신인 유긍달(劉兢達)의 딸 신명순성왕태후(神明順聖王太后)였다. 어머니와 태조의 사이에서는 맏아들 왕태(王泰)와 정종 왕요, 광종 왕소, 문원대왕(文元大王) 왕정(王貞), 증통국사(證通國師), 그리고 낙랑공주(樂浪公主)와 흥방공주(興芳公主)가 태어났다.

— 아버지 : 태조 왕건
— 어머니 : 제3비 신명순성왕태후 유 씨
— 형제자매 : 형 왕태(요절함), 동생 왕소(제4대 광종), 왕정(문원대왕), 증통국사 및 낙랑공주,
　　흥방공주
— 배우자 : 문공왕후(박영규의 딸), 문성왕후(좌동), 청주남원부인(김긍률의 딸)
— 자식 : (문성왕후) 경춘원군(성명 미상) 및 딸(성명 미상)

정종 위로는 왕태라는 형이 있었으니 사실 그는 둘째가 아니었다. 형 왕태는 결혼도 했던 것으로 보아 성인까지는 정상적으로 성장하였던 모양이어도 그 이후 기록이 전혀 존재하지 않는 것은 정종의 즉위 전에 사망했기 때문으로 짐작된다. 918년에 혜종 왕무를 정윤, 즉 후계자로 내정하려고 한 계기가 그 무렵 태조의 진짜 둘째 아들

왕태의 탄생과 맞물려 있었던 것은 아니었을까 싶다. 그렇지 않고서야 912년생 혜종과 923년생 정종 사이에는 공백이 너무 길기 때문이다. 어쨌거나 형의 이른 죽음으로 정종은 역사에서 둘째 아들로 기록되고 있다.

동생 왕정은 아들로 천추전군(千秋殿君) 하나가 있었는데, 후에 광종 왕소, 즉 작은아버지의 딸이 천추전부인과 혼인시킨 것이 기록의 전부이다. 그 자신은 일찍 죽었다고 한다. 그리고 증통국사는 일찍 승려로 출가시켜서 그런지 이름이 전해지지 않는다. 낙랑공주는 태조가 신라의 마지막 왕 경순왕 김부와 혼인시켰고, 흥방공주는 원장태자(元莊太子)에게 시집가서 흥방궁대군(興芳君大君)을 낳았다.

정종은 후백제에서 고려 태조에게 귀순한 승주(昇州) 출신 박영규(朴英規)의 두 딸인 문공왕후(文恭王后)와 문성왕후(文成王后), 그리고 혜종과 마찬가지로 김긍률의 딸인 청주남원부인(淸州南院夫人), 이렇게 세 명의 부인을 두었다. 다만 자식은 문성왕후와의 사이에서만 태어났다.

외아들 경춘원군(慶春院君)은 이름이 전해지지 않는다. 혜종의 아들 흥화궁군처럼 모종의 사건에 휘말려 역사에서 이름이 지워진 것이 아닌가 싶다. 그의 외동딸은 천안부원부인(天安府院夫人)의 아들인 효성태자(孝成太子) 왕임주(王琳珠)에게 시집갔고, 이들 사이에서 자식은 없었다는 정도만 알려져 있다.

그는 즉위 바로 다음 날인 9월 16일 사람을 보내 강화도 갑곶(甲串)에 유배 보내졌던 박술희를 죽여버렸다. 역사기록은 왕규가 정종의 명의로 행한 것이라고 하지만 그럴 만한 아무런 이유가 없기에 그저 정종이 주체적으로 행한 것이라고 보는 것이 정황상 맞다. 왜냐하면 왕규가 박술희와 딱히 관계가 좋았던 것은 아니지만, 공동의 더 큰 적이 바로 앞에 있는 마당에 자중지란으로 서로 공격하고 있을 만큼 한가한 상황은 아니었기 때문이다. 즉 정종은 왕규와 박술희가 혜종 생존 시 별로 사이가 좋은 편이 아니었음을 악용하여 서로 권력 다툼 끝에 이런 일을 벌인 것이라고 논리를 만들어 직접 박술희 제거에 나선 것이었다.

사실 박술희가 유배형에 처한 이유였던 그가 거느렸다는 100여 명의 사병은 호위의 대상인 혜종을 지키기 위해서 조직한 것이었다. 혜종을 노리는 이는 왕규보다는 당연히 직접 왕위를 탐내고 있던 정종 세력이었으니 그의 사병 집단은 정종으로부터 혜종을 호위하고자 했던 것이 확실하다. 그러니 정종으로서는 박술희를 제거해야 할 명확한 이유가 있었다. 역사는 결국 승자가 기록을 남긴다는 것을 증명하는 하나의 사례이다.

그다음 정종은 곧바로 왕규마저도 처단하였다. 죄명은 역모(逆謀)였다.

왕식렴의 서경 군대가 개경에 당도하여 사실상의 계엄에 들어가자 왕규도 이에는 어찌 대적해야 할지 몰라 머뭇거릴 수밖에 없었다. 상황은 군사력에서 우위에 있던 정종에게 유리했다. 그는 박술희에게 그러했듯이 왕규를 마찬가지로 강화도의 갑곶(甲串)으로 귀양보내고, 별도로 사람을 파견해 참수토록 하였으며 그 일당 300여 명도 일괄 처형해버렸다.

이렇듯 정종과 왕식렴 세력은 말 그대로 정적들을 일망타진하는 데에 성공하였다. 혜종은 병을 빌미로 궁지로 몰아넣어 죽음에 이르게 하였고, 차도살인의 형태를 빌어 혜종의 후원자였던 무장 박술희를 제거하였으며, 그다음 악의적으로 역모를 핑계로 삼아 왕규마저도 없애버린 것이다. 아마도 이때 왕위계승 경쟁상대이기도 한 왕규의 외손인 광주원군도 제거된 것 같다.

정종은 이렇게 왕규를 주살한 다음 앞서 최지몽이 왕규의 동태를 몰래 알려준 것을 포상하여 각종 선물을 하사하였다. 앞서 언급하였다시피 그의 정보 덕택에 결정적 승기를 잡을 수 있었던 데에 대한 포상이었을 것이다.

이렇게 왕요의 쿠데타에 적극 가담한 왕식렴은 태조의 사촌 동생이었다. 사람됨이 충성스럽고, 용맹하고, 부지런하였으며, 또 조심스러웠다. 태조는 918년 9월 29일 평양이 황폐하다고 여겨 백성을 옮겨 채우면서 왕식렴에게 가서 맡아서 안정시키도록 하였으며, 또 929년 9월에는 안수진(安水鎭), 흥덕진(興德鎭) 등에 성을 쌓게 하였다. 왕식렴은 이후 오랫동안 평양을 다스렸는데, 항상 국가와 왕실을 수호하고 고려의 영토를 개척하는 것을 자신의 임무로 여겼다.

정종은 비밀리에 그런 왕식렴과 혜종 사후를 대비하는 계획을 세웠다. 그리고 혜종을 감금하는 반란을 일으켰고 박술희나 왕규가 대응하기 전에 동시에 왕식렴이 평양에서 군대를 이끌고 내려와 개경에 진주함으로써 혜종 후원자들의 반격 기회를 원천적으로 막아버렸다. 그리고는 박술희와 왕규를 차례차례 제거함으로써 정종의 즉위는 이제 기정사실이 되었다.

정종은 즉위 후 정치적 파트너이자 군사적 의지처였던 왕식렴과 권력을 상당 부분 공유하지 않을 수가 없었다. 당시에도 그가 왕식렴에게 많이 의지한다는 평이 있었다. 다음은 정종이 왕식렴을 표창하면서 쓴 글이다.

왕식렴은 역대에서도 으뜸가는 공신이며, 한 나라의 튼튼한 기둥이다. 또한 넓은 도량을 갖추고 기개가 큰 인재이다. 지난날 선왕의 병세가 악화되어 혼란스러운 와중에서도 충성과 의로움으로 높은 지조와 절개를 드러내었으며, 어린 나를 추대하여 군사와 국정을 계승하게 하였다. 얼마 안 있어 포악한 간신이 흉악한 무리와 결탁하여 별안간 궁 안에서 변란을 일으켰으나, 경은 위기 속에서도 냉정을 유지한 채 칼을 손에 쥐고 살기를 잊어버리고 변란을 막아냈다. 흉악한 무리가 와해되고 반역한 무리가 처형됨으로써 조정의 기강을 되살렸고, 결국 국가의 질서가 위태로웠던 것을 다시 바로 잡았다. 만약 공이 죽음을 무릅쓰지 않았더라면 내 어찌 오늘날 이렇게 살아있을 수 있었겠는가? 정국이 혼란스러울 때 진실한 신하를 알아본다는 옛말처럼 바로 그가 그러한 사람이었다. 비록 만석(萬石)의 봉작을 주고 아울러 전국을 다 다스리도록 하여도 어찌 충분히 이 공훈을 보답하고 그 공명을 갚겠는가? 이제 광국익찬공신(匡國翊贊功臣)의 칭호를 하사하고, 대승(정3품)의 관작을 더해주어 나의 고마움을 전하고자 한다. 이는 군주와 신하 사이의 의리와 정분을 펼치는 것일 뿐만 아니라 생사를 같이하기를 바라는 것이다. 나는 빛나는 해처럼 뱉은 말은 반드시 지키겠다. 또 바라는 바는 나는 잘못을 스스로 꾸짖고 검약함을 잊지 않고, 공은 항상 만족할 줄 알고 청렴함을 기르는 데 힘쓰는 것이다. 백성들을 사랑으로 보살피고, 상과 벌을 공평하게 하여 나라의 복이 하늘과 땅처럼 길도록 하고 부귀가 자손 대대로 미치도록 하겠다.

또한 기록은 미비하지만, 정종 즉위 초에 내란을 제거하고 평정하는 데에 박수경(朴守卿) 역시 공이 많아 얼마 후에 대광(정2품)으로 올라갔다. 그는 성품이 용감하고 굳세며 임기응변의 지혜가 많았다. 태조의 장수가 되어 후백제와의 전쟁에서 적극적인 활약을 보이기도 했다. 태조 임종을 지켰던 3대 재신 중에 들었던 박수문이 그의 형이었다. 그와 형 모두 딸을 태조에게 들여보내 인척 관계를 맺기도 하였다.

그런데 희한하게도 박수경의 정종 즉위와 관련된 기록은 찾아볼 수가 없다. 나중에 정종의 공신으로 선정되는 것도 왕식렴뿐으로 박수경은 제외된다. 하지만 왕식렴이 대승(정3품)이었다면 그는 대광(정2품)으로 더 높은 평가를 받은 것을 보면 그 역시 무장 출신으로 정권 교체에서 적극적인 활약을 보였을 것이 분명하다. 아마도 그는 광종의 편에 서서 정종을 도운 입장이었을 텐데, 광종 즉위 후 이전의 공신들을 배척할 때 그 역시 광종에 의해 탄압받고 결국 제거되었기 때문에 그와 관련된 기록들마저도 임의로 삭제된 것이 아닌가 여겨진다.

정종은 즉위 후 곧바로 후진으로 사신단을 파견하였다. 후진은 중국의 혼란기인 5대 10국 시대에 후당(後唐, 923~936)의 실력자였던 석경당(石敬瑭, 892~942)이 독립하여 세운 국가였다. 그는 거란의 군사 원조를 얻기 위해 오늘날 베이징까지 포함되는 연운(燕雲) 16주를 거란에게 양도하여 중국역사에 별로 좋지 않은 이름을 남긴 인물이기도 하다. 어쨌든 정종이 보낸 광평시랑(廣評侍郎) 한현규(韓玄珪)와 전 예빈경(禮賓卿) 김렴(金廉) 등 18명은 출발한 지 불과 한 달 만인 10월 14일에 후진에 도착하였다. 이들은 『고려사』에서는 944년에 후진에 파견된 것으로 나와 있지만, 실제 후진에서는 945년 10월의 일로 다르게 기록되어 있다. 이들의 파견 목적을 보아도 후진 측의 기록이 사실에 부합한다. 고려 초기의 기록들이 1010년 거란의 침공으로 인해 불타 없어지면서 역사를 복원할 때 혼선이 있었던 듯하다. 이때 양국 간 서로 사신단을 주고받은 것은 고로 혜종 때가 아니라 정종 때로 여겨진다.

이들은 새 국왕의 등극을 알리면서 더불어 후진이 거란을 격파한 것을 축하하는 사신단이었다. 후진의 거란 격파란 944년에 있었던 일인데 조금 늦게 정보를 입수했던 모양이다. 정종은 그 승리를 축하한다는 명분을 더해서 권지국사(權知國事), 즉 임시 국정대행을 자칭하는 국서를 보내 상을 전하면서 자신의 즉위를 국제적으로 공인받고자 하였던 것이다. 9월 15일 정종의 즉위 후 10월 14일 사신단이 후진에 도착한 것이니, 마치 혜종이 사망하기만을 기다렸다가 곧바로 사신을 파견한 것 같은 신속함이었다.

11월 5일, 후진에서는 정종을 검교태보(檢校太保) 사지절(使持節) 현도주도독(玄菟州都督) 충대의군사(充大義軍使)로 삼아 고려국왕(高麗國王)으로 책봉하기로 하고는, 통사사인(通事舍人) 곽인우(郭仁遇)를 사신으로 고려에 파견키로 하였는데, 내부 사정상 한 달 여 지체되다가 12월 18일에 내용이 일부 추가되어 특진(特進) 검교태보(檢校太保) 사지절(使持節) 현도주도독(玄菟州都督) 상주국(上柱國) 충대의군사(充大義軍事) 겸 어사대부(御史大夫) 고려국왕(高麗國王)으로 제수하고, 광록경(光祿卿) 범광정(范光政)과 태자세마(太子洗馬) 장계응(張季凝)을 파견하여 책명을 전하게 하였다.

이때의 기록에 따르면 고려국왕인 정종은 용감하고 힘이 세어 쉽게 쇠갈고리(鐵鉤)를 굽힐 수 있을 정도였다는 평이 중국에도 알려져 있었다. 왕규가 보낸 암살자들을 맨손으로 때려잡았다는 말이 거짓이 아니었을 것이다.

서경 프로젝트

946년 봄 1월, 정종이 태조가 잠들어 있는 현릉(顯陵)에 성묘를 가려고 목욕재계하고 있던 날 저녁에, 궁전 동쪽의 산속에서 어떤 소리가 들려왔다.

"왕요야, 백성을 가엾게 여겨 구휼하는 것이 국왕의 중요한 임무이다."

이 신화와도 같은 이야기는 분명 누군가가 꾸며낸 것일 텐데, 한편으로는 그에 대한 비판적 세력이 있었음을 상징적으로 말해준다. 그가 여론의 반대를 받고 있었던 점은 무엇이었을까? 혜종 정권을 무너뜨린 것으로 볼 여지도 있지만, 백성을 보살피라는 내용으로 미루어보면 그가 민의에 반하는 정책을 추진하고 있었음에 주목해봐야 한다.

그것은 바로 서경에 왕성(王城)을 쌓는 일이었다. 이로부터 불과 1년 후인 다음 해 봄에 왕성 건축이 끝나는 것을 보면 945년 9월 즉위 직후부터 공정에 착수하였던 것으로 보인다.

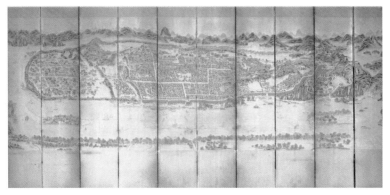

평양성도(20세기 초) 국립중앙박물관

처음에는 사람들은 정종이 풍수지리에 기반을 둔 도참설(圖讖說)을 믿어서 수도를 개경에서 서경으로 옮기는 것이라고 생각했지만, 사실은 정종이 왕식렴의 군대를 끌어들이는 조건으로 처음부터 서경으로의 천도가 전제되어 있었던 것은 아니었는지 의심된다. 그렇지 않다면 굳이 정종이 아버지 태조 왕건의 고향이자 고려의 개창지역인 개경을 그리 쉽게 포기할 리 만무하기 때문이다.

정종은 또한 시중(侍中) 권직(權直)에게 명하여 장정들을 징발하여 서경 왕성에 궁궐(宮闕)을 건축하게 하였다. 정종의 닦달에 공사 현장에 투입된 이들에게는 중노동이 가해질 수밖에 없었고, 또한 수도 개경의 민가를 강제로 옮겨서 서경을 채워넣자 많은 백성들의 원망과 비방이 들끓었다. 개경의 여론은 정종에게 완전히 등을 돌렸다.

정종은 사면령을 내려 성난 민심을 붙잡아보려고 하였는데, 정확히는 서경 천도에 대한 대대적인 반발을 가라앉혀보기 위한 정치적 제스처(gesture)였을 것이다.

또한 정종은 한편으로 의장을 갖추어 부처의 사리(佛舍利, 석가모니의 유골)를 받들고 걸어서 10리(약 4㎞) 거리의 개국사(開國寺)에 가서 모셨다. 개국사는 921년 태조가 개경에 창건한 사찰이었다. 말 그대로 고려의 건국을 기념하는 절이었으니 그 상징성은 무엇과도 비교할 수 없는 곳이었다. 그곳을 국왕이 직접 걸어가서 방문하였다는 것은 그만큼 당시 여론이 새 정권에게 등을 돌리고 있었음을 반증해주는 것이기도 했다. 서경으로 천도를 준비하고 있는 와중에 개경 역시 그가 크게 존중하고 있음을 보여주고자 한 것이기 때문이다.

그리고 정종은 곡식을 70,000석이나 여러 큰 사찰에 기부하면서, 각각 불명경보(佛名經寶)와 광학보(廣學寶)를 설치하여 불교를 배우는 사람들을 지원토록 하였다. 보(寶)는 오늘날로 치면 일종의 기금이나 재단에 해당하는 것인데, 동생 광종이 나중에 빈민 구제를 위해 기금을 조성하였던 것과 달리 정종은 불교 진흥을 목적으로 장학재단을 설립하였던 점에서 차이가 엿보인다.

그는 여러 모로 개경의 기존 세력들을 달래는 모습을 일부러 보여 주면서 어떻게든 여론의 이반을 붙잡아보고자 하였다.

생각해보면 서경 천도는 단순히 정종의 개인적인 야심이나 정치적 동반자인 왕식렴의 오랜 꿈을 이루기 위한 그런 차원의 프로젝트는 아니었다. 서경 즉 평양에 대한 고려인들의 관심은 태조로부터 시작하여 묘청(妙淸, ?~1135)에 이르기까지 끈질기게 그 모습을 드러낸다. 기본적으로 고려는 고구려 계승을 표방하고 건국되었던 만큼 고구려의 수도 평양은 지배층의 제일 관심 지역이 될 수밖에 없는 운명이었다.

태조는 918년 9월 사촌 동생 왕식렴에게 평양 재건을 명하는 것을 시작으로, 919년 10월 평양에 성을 쌓고 얼마 후부터는 서경으로 불렀다. 922년 11월에는 서경으로 양가의 자제들을 옮기게 하고는 직접 가서 관부를 설치하고 관리를 배정하였으며, 930년 12월에는 그곳에 학교를 열었고, 938년 7월에 나성(羅城)을 쌓았다. 이와 별도로 왕건이 서경을 방문한 것만 공식기록으로도 수차례였다. 이후 그는 일종의 유훈 통치의 텍스트가 되는 「훈요」에서도 서경을 중시하라는 지침을 남길 정도로 서경에 대한 그의 애정은 상상 이상이었다.

정종이 독단적으로 서경을 중요시했던 것은 아니었던 셈이다. 그는 아버지 왕건의 뜻을 그 누구보다 잘 이해하고 있었고, 자신의 정치적 업적을 서경 천도에서 찾고자 하는 마음을 가지고 있었다. 왕식렴 또한 태조의 지시로 평양을 개척하는 임무를 20년이 넘도록 수행하면서 태조가 서경을 어떻게 바라보고 있었는지 정확히 알고 있었다. 이 두 명의 동업자는 앞으로 고려가 나아갈 길은 바로 "고구려 Again" 즉 서경을 기반으로 한 북진정책(北進政策)이라고 굳게 믿었던 것이다.

그리고 947년 봄, 드디어 서경에 왕성의 축조가 이루어졌다. 1년여 만의 일이니 정말 일사천리로 진행된 토목 프로젝트였다. 그렇게 미친 듯이 서두른 만큼 비례해서 잡음도 끊이지 않았다. 이해 10월 15일에 서경의 중흥사(重興寺) 9층탑에 불이 났는데, 혹 서경 천도에 불만을 품은 이들이 벌인 고의적인 화재는 아니었을까?

광군사

문제는 여기까지만 했었어도 그나마 여론을 잡을 수 있었을지 모르지만, 상황은 정종의 통제력 바깥으로 흘러갔다. 신라의 경주 출신으로 고려에 동참했던 지식인 최언위의 첫째아들 최광윤(崔光胤)이 후진으로 유학을 떠났다가 중간에 거란에게 사로잡혔는데, 몰래 글을 써서 거란이 고려를 침략하려 한다는 정보를 조정에 알려온 것이 발단이 되었다.

그래서 이해 가을, 거란의 침입을 방어하기 위해서 정종은 전국적으로 군사 300,000명을 조직하여 광군(光軍)이라 명명하고 이를 총

개심사지 5층석탑 문화재청

괄하는 광군사(光軍司)를 설치하였다. 정확한 통계는 아니지만 1130년경 고려의 총인구를 210만 명 정도로 본 기록을 그대로 인정하자면, 30만 명이나 되는 병력이 조직되기 위해서는 전국 각지의 모든 장정을 오늘날 예비군과 같은 형태로 정말 긁어모으다시피 파악하여 군적에 전부 등록하는 방대한 작업이 진행되어야 했다.

이와 관련된 유적이 전해지고 있다. 한때 개심사(開心寺)라고 불렸던 절의 흔적은 지금은 사라졌지만, 경북 예천군 예천읍 남본리의 논 한가운데에 '개심사지 5층석탑(開心寺址 五層石塔)'이라고 부르는 탑은 지금껏 남아 있다. 그리고 이 탑에는 이를 만들기 위해 들어간 노력이 얼마나 되는지를 기록한 글이 새겨져 있다.

1010년 3월 3일 광군(光軍) 46대(隊), 수레[車] 18대, 소 1,000과 10간(間)이 들어갔다. 승려·속인·선랑 모두 1만 명이었다. (중략) 1011년 4월 8일 세웠다.

바로 광군의 실제 모습이 적혀 있는 것이다. 정종이 광군사를 처음 만든 지도 벌써 반세기 이상 흐른 시점이지만 여전히 지역에는 광군의 조직화가 잘되어 있었다. 이들은 향도(香徒)라고 하는 지역 조직들과 협동으로 작업에 투입되었다. 1대(隊)는 25명이니 광군에서만 1,150명이 동원되었던 모양이다.

이들은 오늘날로 치면 일종의 예비군과 같은 조직이었다. 이 탑이 조성되던 것과 같은 시기인 1010년 말 거란이 2차 침공을 감행해왔을 때 당시 고려의 최고 권력자 강조(康兆)가 동원한 30만 명은 이들 광군이었을 것이다. 이들은 시간이 흐르면서 자연히 고려의 지방군으로 재편되었을 것으로 추정된다. 이렇게 보면 정종은 선견지명이 있었던 셈이다. 그가 미리 준비해둔 국민동원체제가 전쟁 발발 시 시의적절한 대응을 가능하게 해준 것이기 때문이다.

하지만 문제는 정종 자신이 호족을 배경으로 왕위에 오른 인물이면서도 이 조치는 호족들의 기존 사병들을 국가 차원에서 흡수하는 효과가 있었기에 자연스럽게 호족들의 반발을 사게 된다는 점이었다. 물론 거시적으로는 필요한 조치였지만 그 진행 프로세스가 매끄럽지 못한 점에서 정적들을 양산해내는 부작용이 컸으리라 예상된다. 더욱이 그저 병력 현황을 파악만 하고 끝이 아니라 모든 이들에게 병사로서 사용해야 하는 무기가 지급되어야 하고 적정 수준의 군사 교육도 시행되어야 했을 테니, 그에 대한 국민적 반발이 얼마나 컸을지 쉽게 짐작이 된다.

정종은 추가적으로 이해 봄에 대광(정2품) 박수문을 보내 덕창진(德昌鎭)에 성을 쌓았다. 철옹(鐵甕), 단릉(博陵), 삼척(三陟), 통덕(通德) 등에도 성을 쌓았다. 그리고 가을에는 박수문의 동생 대광(정2품) 박수경을 보내 덕성진(德成鎭)에 성을 쌓았다. 대부분 평안남·북도 즉 서경을 포함한 서북면 지역에 분포되어 있는데, 광군이라는 군사조직에 걸

맞게 거란의 침공 루트를 예측하여 방어진을 구축하는 것이 목적이
었던 것 같다.

그 사이 정종의 정적들도 반격을 준비하고 있었다.

1년 후인 948년 가을 9월, 동여진에서 대광(정2품) 소무개(蘇無蓋) 등
을 보내 말 700필과 토산물을 바쳤다. 여진인에게 대광이라는 관등
이 부여된 것을 보면 이전에 고려에 신하로 들어왔던 인물이었던 듯
하다. 정종이 천덕전(天德殿)에 친히 나와서 말을 살펴본 후 3등급으
로 나누어 값을 매기고 있었는데, 갑자기 천둥이 치고 비가 내렸다.
공식기록으로는 이때 물건을 관리하는 사람들에게 번개가 내리치
고 또 천덕전 서쪽 모퉁이도 번개를 맞았다면서, 정종이 이에 크게
놀라 근신들의 부축을 받고 중광전으로 옮겼고 결국 병환이 났다
는 것이다.

그런데 마치 혜종 말년을 연상시키는 이 기록은 마찬가지로 중요
한 사실을 감추고 있다. 그것은 바로 쿠데타였다. 정확한 사정은 알
수 없지만, 천둥과 번개가 내리쳤다는 표현은 정종에 대한 쿠데타가
있었다는 역사적 진실을 우회적으로 말해주는 장치이다. 정종이 천
덕전에 동여진의 사신들을 맞이하는 동안 갑작스러운 군사적 행동
이 가해졌고, 궁전 내에서 칼부림이 일어나 여러 사람들이 다친 사
실을 이렇게 상징적으로 묘사한 것으로 보인다. 아마도 동여진의 사
신들은 쿠데타 세력이 일부러 파견한 앞잡이였을 수도 있다.

그렇다면 누가 이런 대담한 일을 벌인 것일까?

949년 봄 1월 7일, 대광(정2품) 왕식렴이 죽었다. 그는 서경을 지키고 있다가 정종과 연합하여 왕규를 제압하고 혜종의 권력을 탈취한 공로로 대승(정3품)이 되었는데 정종 재위 중 한 차례 더 승진하였다. 태조와는 사촌지간으로 나이 차이가 크게 나지는 않았을 테니 이때의 죽음은 위해에 의한 것이 아니라 자연사일 수 있지만, 그의 건강은 아마도 948년 후반에는 벌써 안 좋은 상태였을 것으로 보인다.

그가 사망한 장소는 알려져 있지 않지만 당시 정황상 서경에 있었지 않았을까 싶다. 왜냐하면 서경 천도가 한창 진행 중이던 무렵이었으니 당연히 서경의 실력자 왕식렴도 현지에 있었을 것으로 여겨지기 때문이다. 이는 그렇다면 정종이 마지막 순간에 왕식렴의 도움을 받기 어려운 처지였을 수도 있음을 의미한다. 왕식렴과 달리 정종은 개경에 남아 있었음이 확인된다. 즉 이 둘은 물리적으로 서로 떨어져 있었던 셈이다.

정종은 왕식렴이 아니면 박수경에게 의존해야 하는 처지였는데, 왕식렴의 건강 이상으로 인해 더 이상 의지할 여건이 되지 않은 상황에서 왜 박수경에게 손을 내밀지 못하였던 것일까? 이는 아마도 박수경이 본격적으로 왕소에게 줄을 대고 있었기 때문이 아니었을까 싶다. 이는 쉽게 입증된다. 왕소가 광종으로 즉위한 이후 곧바로 한 일이 박수경에게 공신을 선정할 수 있는 권한을 주는 것이었기 때문이다. 즉 박수경은 어느 순간 왕소와 손을 잡고 정종 제거에 나선 듯하다.

그리고 박수경은 평주(平州) 출신이었다. 평주는 경기 북부와 황해도 일대쯤 되는데, 서경보다는 개경에 훨씬 가까웠다. 즉 굳이 서경으로의 천도를 반길 만한 입장은 아니었던 셈이다. 정종이 왕식렴과 합심하여 서경 천도를 추진하자 그는 동생 왕소에게 합세하여 그들의 계획을 무산시키는 편에 섰다. 그의 이탈은 정종에게는 치명적인 결과가 되었다.

아마도 이들은 948년 9월의 쿠데타를 통해 정종을 중광전에 가두고는 서경 천도 프로젝트를 무위로 돌리는 제반 공작을 진행하였던 것 같다. 그 사이 왕식렴도 세상을 떠났고, 이제 남은 것은 정종의 목숨뿐이었다.

3월 13일, 공식기록에는 정종이 자신의 병환이 위중해지자 친동생인 왕소를 불러 왕위를 넘기고 제석원(帝釋院)으로 거처를 옮겼다가 숨이 멎었다고 한다. 제석원은 궁성 내의 내제석원과 황성 위쪽의 외제석원이 있었는데, 아마도 가까운 내제석원으로 옮긴 것이 아닐까 싶다. 왕위에 있은 지 4년이며 나이는 27세였다. 믿기 힘든 일이다. 27세의 죽음은 정상적인 결과로 보기 어렵다. 더욱이 그에게는 혜종처럼 왕위를 물려줄 수 있는 아들 경춘원군이 있었다. 고로 군이 동생에게 양위할 이유가 없었다. 따라서 아마도 박수경과 왕소의 압박 끝에 어떤 형태로든 죽임을 당한 것이 아닌가 의심된다. 마지막에 제석원으로 옮겨서 죽은 것을 보면 직접 칼을 들이대는 형태의 물리적인 암살은 아니었던 것 같고, 혹 독살은 아니었을까?

그는 왕자 시절부터 평판이 좋았고, 왕위에 올라서는 실정을 잘 살피고 때로 새벽에 불을 켜고 조정의 신하를 만나거나 밤늦게까지 식사하면서 업무를 처리할 정도로 부지런한 스타일이었다. 그래서 즉위 초에는 많은 이들의 기대를 한몸에 받았지만, 여론의 수렴 없이 독단적으로 서경 천도를 결정하였고 또 이를 위해 고집스러운 성격 그대로 의견을 굽히지 않고 독촉하면서 백성들을 징발하여 강제 노역에 투입함으로써 원망과 비난을 초래한 점은 그의 잘못이었다.

어쨌거나 그가 사망하였다는 소식이 퍼지자 강제노역에 투입되었던 사람들은 기뻐하며 그의 죽음을 반겼다고 하니 인생은 무상하다는 사실을 다시 한 번 느끼게 된다. 또한 그가 갇혀 있던 중광전은 마찬가지로 그가 혜종을 가둬두었던 장소였으니 인생은 돌고 돈다는 말을 다시 한 번 마음속에 새기게 된다.

제 3 장

❀

광종 왕소와
『정관정요』의 밀월기간

광종은 외모가 준수했고(英奇之表) 재능이 뛰어나서(岐嶷之姿) 특히 태조의 사랑을 받았다고 한다. 그는 신하들을 대할 때면 항상 예의를 차렸고, 일을 처리할 때에도 언제나 공평하게 사리판단을 잘하였으며, 강자보다는 약자를 배려할 줄 알았고, 또 학문을 중히 여겼기에 당시 보수세력으로부터도 극찬과 기대를 한몸에 받으며 왕위를 이을 수 있었다.

　광종은 형 정종과 어머니가 같았기에 모든 배경에 있어 형과 동일한 상황이었지만, 한 가지 차이점이 있었다. 신주(信州, 황해도 신천) 출신인 아찬(골품제 6등급) 강기주(康起珠)의 딸인 태조의 제22비 신주원부인에게서 양자로 성장한 것이다. 그녀는 아들 하나가 있었지만 어려서 죽어 왕소를 데려다가 아들로 삼아 양육하였다. 아마도 양쪽 집안 간의 모종의 거래든 무언가 관계가 있었겠지만, 공식적으로 드러난 사실은 없다. 어쨌든 그런 관계로 정종과는 한 형제이면서도 정서적으로는 약간 거리감이 있었던 모양이다.

　정종과 광종은 부지런한 성격과 불교에 대한 선호는 비슷했지만, 두 살밖에 나이 차이가 나지 않는 것에 비해 그 외에는 많은 부분에서 서로가 달랐다. 정종이 성격이 고집스러워서 한번 정한 것은 굽힌 줄 몰랐고 또 급하기까지 해서 일을 밀어붙이는 정도가 반발이 일 정도로 심했던 것에 비하면, 광종은 똑같이 투철한 신념의 소유자였음에도 상황에 따라 유연하게 대처하면서 자기 생각을 감추는 법을 알았고 또 필요에 따라서는 당장은 양보하면서도 자신에게 유리한 때가 오기를 기다릴 줄 아는 그런 진득한 스타일이었다.

이러한 성격 차이가 정종의 집권을 단축하는 결과가 되었다 광종은 아마도 형보다는 자신이 좀 더 고려를 안정화하는 데 적합한 인물이라고 여겼던 것 같다. 그리고 이를 위해서 자신을 도와주는 호족들에게 지금은 얼마든지 양보를 할 용의도 있었다. 왕권보다는 자신들의 이권이 중요했던 호족들의 입장에서는 앞뒤 안 가리고 저돌적으로 달려가는 정종보다는 겉보기에 온화한 듯 보이는 광종이 더 입맛에 맞았을 것이다. 광종은 그렇게 조용히 그리고 착실히 자신의 지분을 확보해나감으로써 결국 고대하던 왕위에까지 오를 수 있었다.

한편으로 광종은 동생인 왕정하고는 비교적 가까운 사이였던 것으로 보이는데, 자신의 딸과 아들을 각각 왕정의 아들과 딸과 결혼시킨 것으로 쉽게 짐작해볼 수 있다. 그가 고려왕실 안에서도 가장 격이 높은 대왕(大王)으로 불리는 것 역시 광종에게는 아주 가까운 관계였기에 그런 것으로 추정된다. 다만 동생이 광종 치세에서 어떤 역할을 하였는지는 공식기록상에는 나타나지 않는다.

> ─ 아버지 : 태조 왕건
> ─ 어머니 : 제3비 신명순성왕태후 유 씨 → 제22비 신주원부인 강 씨 입양
> ─ 형제자매 : 형 왕태(요절함), 왕요(제3대 정종), 동생 왕정(문원대왕), 증통국사 및 낙랑공주,
>   흥방공주
> ─ 배우자 : 대목왕후(태조의 딸, 즉 이복여동생), 경화궁부인(혜종의 딸, 즉 조카)
> ─ 자식 : (대목왕후) 왕주(제5대 경종), 효화태자(성명 미상) 및 천추전부인, 보화궁부인,
>   문덕왕후(제6대 성종의 아내)

광종의 아내 대목왕후(大穆王后)는 태조와 제4비 신정왕태후 황보 씨 사이에서 태어났다. 둘째 부인을 들이기 전에 결혼했을 터이니 945년 이전에 결혼했음을 추정할 수 있다. 고려 역사에서 광종은 왕실 내 근친혼의 첫 사례이다. 그래서 아마도 태조의 사랑을 받았다는 말은 사실인 듯하다. 그리고 둘째 부인인 경화궁부인(慶和宮夫人)은 혜종의 딸로 945년에 혜종이 왕소의 세력과 화평을 맺기 위해 결혼시킨 사이였다.

이렇듯 광종은 아버지 태조의 사위이자 동시에 형 혜종의 사위가 되면서 고려왕실에서 가장 핵심에 서는 존재로 떠오르게 되었다. 그 때문에 고려왕실에서는 중요했던 근친혼을 하지 않은 형 정종보다 광종이 왕위 계승에 있어서는 좀 더 유리한 고지에 서 있었음을 짐작해볼 수 있다.

광종은 경화궁부인과의 사이에서는 자식을 갖지 못했거나 혹은 일부러 갖지 않았고, 모두 대목왕후 사이에서만 자식을 낳았다. 우선 아들은 둘이었다. 경종이 되는 왕주(王伷), 그리고 효화태자(孝和太子)가 그들이다. 이중 효화태자는 이름도 알려지지 않고 후사도 없다는 것으로 보아 일찍 죽은 것으로 보인다.

그리고 딸은 셋이 있었다. 천추전부인은 광종의 조카인 천추전군(千秋殿君)에게 시집갔는데, 그녀만큼은 유일하게 이름이 전해진다. 그녀의 이름은 아지(阿志)였다. 나중에 현종의 딸 이름도 아지고, 과거 가야에서도 왕비의 이름으로 아지가 있었던 것으로 보아 귀여운 발음의 아지는 여자 이름으로 많이 사용되었던 것 같다. 광종에게도 첫 딸이었던 만큼 귀여움을 많이 받았던 것으로 보인다. 다음 보화궁부인은 별다른 기록이 없다. 셋째인 공주는 곧 문덕왕후(文德王后)인데, 처음에는 태조의 제7비 헌목대부인 평씨(平氏)의 손자인 홍덕원군(弘德院君) 왕규(王圭)에게 시집갔다가 나중에 재혼하여 성종의 아내가 되었다. 홍덕원군 왕규에게는 딸이 있었는데 선정왕후(宣正王后) 유씨(劉氏)가 바로 그녀이다. 광종의 외가 쪽 성인 유 씨를 사용한 것을 보면 문덕왕후가 낳은 자식이 맞을 듯하다. 선정왕후는 나중에 목종과 결혼하였다.

광종은 즉위하여 원보(종4품) 식회(式會)와 원윤(정6품) 신강(信康) 등에게 명령하여 지방의 세금 액수를 정하게 하였다. 이 이후의 후속 설명은 없지만, 이는 나중에 광종이 야심 차게 준비해온 토지제도인 전시과(田柴科)로 체계화되는 기초작업이 된다.

또 별다른 기록은 없지만, 즉위 직후에 서경 천도를 원점에서 재검토한다는 결정이 있었을 것이다. 서경으로의 이동과 관련된 모든 작업은 자동 중지가 되었다. 광종은 거기서 멈추지 않고 한 걸음 더 나갈 준비를 하지만, 그것은 960년까지 기다려야 한다.

그리고 최승로에 따르면 혜종과 정종뿐만 아니라 광종 때에도 왕위를 계승한 초기에도 정국이 안정되지 못해 결과적으로는 개경과 서경 양쪽의 문무 관리들 절반이 목숨을 잃었을 정도였다는 증언이 있다. 이는 혜종과 정종 대에도 그런 일이 있었지만, 광종조차도 왕위 계승 직후 정적들에 대한 무차별적 참살이 이루어졌음을 말해주는 것이다. 특히 최승로는 이 당시 23세로 광종과는 불과 두 살밖에 차이가 나지 않는 사실상 동년배로 사회의 혼란상을 직접 두 눈에 담은 동시대의 목격자였다. 아마도 바로 다음 박수경이 한 일도 이와 연관된 것이 아니었겠는가 싶다. 물론 기록은 승자에 의해 긍정적인 부분만 남았지만 말이다.

　가을 8월, 대광 박수경에게 명하여 정국(定國) 초기에 공로가 있는 사람을 파악하여, 네 번 공을 세운 사람에게는 쌀 25석을, 세 번 공을 세운 사람에게는 20석을, 두 번 공을 세운 사람에게는 15석을, 한 번 공을 세운 사람에게는 12석을 하사하도록 하여 이것을 정례화시켰다.
　그런데 그간 이 정국이라는 표현을 개국과 동의어로 이해해왔는데, 그러한 해석이 물론 가능성이 크지만 한편으로는 나라를 바로 잡았다는 뜻으로의 해석도 가능은 하다. 혹여나 공식적으로는 개국과 연관 지어서 볼지라도 실질적으로는 광종의 정권 창출에 기여한 정도에 따른 포상의 의미로 볼 수도 있지 않을까?
　그렇다면 왜 박수경이었을까? 그는 정종의 즉위 당시 왕식렴과 함께 혜종 정권을 무너뜨리고 새로운 정권을 안착한 공이 컸던 인물이다. 즉 새 정권하에서는 그가 곧 실세였다는 뜻이다. 더욱이 왕식렴이 일찍 사망하면서 그에게 권력이 더욱 집중될 수밖에 없는 구조였다. 광종도 집권 초기에는 좋든 싫든 그를 우대할 수밖에 없었을 것이다. 그래서 그에게 주어진 첫 임무가 바로 정국(定國), 즉 나라를 바로잡은 공신들의 선정과 금전적 혜택 제공이었다. 그에게 사실상 권력의 한 축을 내어줬던 셈이다.

광종은 한동안은 그렇게 정권 공신들에게 권한을 주고 지켜보기로 작심했던 것 같다. 그는 그러면서 속으로 칼을 갈았다. 고려는 표면적으로는 '왕국'이었지만 내실은 사실상 '호족연합국'의 형태였다. 그는 이러한 표리부동한 상황을 타개하는 것을 자신의 존재 이유로 인식하고 있었다. 태조에서 혜종으로, 혜종에서 정종으로, 그리고 정종에서 자신에게로 왕위가 넘어올 때마다 불어닥치는 호족들 간 합종연횡의 부정적 여파를 그는 그냥 목도하고 끝내지 않았다. 그는 이런 피의 숙청을 멈추고 정상적으로 국가가 작동되도록 하는 것이 필요하다는 점을 깨닫고 있었다. 권력이 안정되어야만 이러한 정국의 혼란상을 멈출 수가 있었다. 그러한 상황 인식에서 내린 그의 결론은 국왕에게 권력이 집중된 중앙집권체제였다. 그는 자신의 치세에 이를 반드시 이루겠다는 확고한 의지가 있었다.

다만 아직은 자신에게 힘이 부족하다는 사실을 냉철하게 파악하고 있었다. 그에게는 시간이 필요했다. 그리고 시간을 들인 만큼 묘책이 나오기 마련이었다.

950년 봄 1월, 바람이 세차게 불어 나무가 뿌리째 뽑힐 정도였다. 광종이 재앙을 물리치는 방법을 묻자 사천대(司天臺)에서는 "덕을 닦는 것이 가장 좋습니다."라고 의견을 개진하였다. 아마도 이 당시 사천관이었던 최지몽의 아이디어였을지도 모를 일이다. 정치의 속성을 가장 잘 이해하고 있던 그라면 능히 광종에게 이런 아이디어를 냈을 만도 하다. 두뇌 회전이 빨랐던 광종은 그 이면의 의미까지 이해하고는 이때부터 늘『정관정요(貞觀政要)』를 읽었다.

『정관정요』는 640년경 오긍(吳兢)이 편찬한 당나라의 제2대 태종 이세민(李世民, 599~649, 재위 626~649)과 신하들의 문답을 기록한 일종의 제왕학 텍스트였다. '정관(貞觀)'은 당 태종의 연호인데, 그의 치세가 태평성대로 높이 평가받으면서 역사에서는 대대로 이때를 '정관의 치(治)'로 부를 정도이다. 광종이『정관정요』를 반복적으로 애독하였다는 것은 당시에 그래서 매우 추앙받는 행동이었다. 그가 곧 당 태종을 본받아 위대한 성군이 되겠다는 그런 의지의 표명을 한 것이었기 때문이다.

동시대인인 최승로도 이『정관정요』를 언급하며 성군의 치세란 이래야 한다는 의견을 가지고 있었다.

오긍은『정관정요(貞觀政要)』를 지어 올려, 당 현종에게 태종의 정치를 본받도록 노력할 것을 권고하고자 한 것입니다. 그것은 아마도 일의 근본이 서로 비슷하고, 한 가문에서 벗어나지 않았고 정치가 훌륭하여 모범으로 삼을 만하기 때문이었을 것입니다.

즉 『정관정요』는 광종이 신하들에게 자신이 외면적으로 추구할 바를 보여주기에 안성맞춤인 교재였던 셈이다. 그것을 탐독한다는 행위만으로도 광종은 신하들에게 자신의 긍정적인 이미지를 만들어 낼 수 있었다.

하지만 과연 그것만이 유일한 목적이었을까? 당 태종은 원래 당나라의 개국 황제인 고조 이연(李淵, 566~635, 재위 618~626)의 차남으로 황위 계승의 대상이 아니었다. 그는 자신이 다음 황제가 되어야 한다고 믿은 야심가였으며, 역사에서 '현무문의 변(玄武門之變)'이라고 부르는 쿠데타를 일으켜 형 이건성(李建成, 589~626)을 처단하고 아버지를 압박하여 황위에 오른 호전적인 인물이었다. 우리에게는 고구려를 침공하여 연개소문(淵蓋蘇文, 614?~664)에게 호되게 당하고 안시성 전투에서 결정적 패배를 당한 후 결국 소득 없이 물러난 일로 잘 알려져 있다.

광종은 『정관정요』를 읽음으로써 대신들에게 자신이 추구하는 바가 '정관의 치'와 같이 신하들의 의견을 적극 수용하며 개방적인 문치를 할 것임을 대외적으로 표방하면서도, 한편으로는 내심 그 역사적 배경에 존재하는 당 태종의 강인한 카리스마를 자신이 따르고자 함을 암시하고 있었던 것은 아닐까? 사실 당 태종의 실제 모습은 『정관정요』에 나오는 그의 이상화된 모습과 거리가 있었다. 광종은 아마도 당 태종의 실체 쪽에 더 관심을 가진 것일지도 모르겠다.

광종의 첫 번째 행동은 바로 연호를 새롭게 선포하는 일이었다. 그는 자신의 연호를 '광덕(光德)'으로 정하였다. '빛나는 덕치'를 추구하겠다는 의미였을 것이다. 여담이지만, 나중에 그의 묘호가 되는 광종(光宗)은 혹 이때의 연호에서 따온 것이 아닌가 싶기도 하다. 물론 광(光)에는 동음이의어가 여럿 있는데, 나중에 살펴볼 것이다.

150여 년 후에 여진 정벌의 주역이 되는 윤관(尹瓘, 1040~1111)의 아들 윤언이(尹彦頤, 1090~1149)가 묘청의 난이 끝난 후에 쓴 글에 이런 내용이 나온다.

연호를 세우자는 청은 본래 임금을 높이려는 정성으로 우리나라에서는 태조와 광종의 고사가 있습니다.

그렇다. 고려는 앞서 태조 왕건 때에 처음 연호 사용을 시작했다. '하늘이 내려주다'라는 뜻의 천수(天授)가 바로 그것인데, 918년 고려를 개창했을 때부터 후당(後唐, 923~936)의 연호를 사용하게 되는 933년 3월까지 사용했다. 광종은 아버지 태조의 뒤를 이어 고려에서 두 번째이자 마지막으로 독자 연호를 사용한 국왕이었다.

'건원칭제(建元稱帝)'는 자주독립국임을 선포하는 것을 말하는데, 보통은 황제국 체제임을 온 천하에 선언하는 것을 의미한다. 칭제(稱帝)는 물론 황제로 칭한다는 뜻이고, 건원(建元)이 바로 연호의 기원을 정한다는 말이다. 즉 연호를 정한다는 것은 황제국 체제임을 세상에 천명하는 것이다.

이러한 광종의 황제국 체제에 대한 사실을 보여주는 기록은 곳곳에서 발견된다. 우선 광종의 아내 대명왕후를 황후(皇后)로 지칭한 기록이 고려와 심지어 일본에도 전해진다. 아내가 황후였다는 것은 곧 당연히 남편은 황제라는 말이 된다. 또한 동생 왕정을 문원대왕

고달사 원종대사탑비 문화재청

고달사 원종대사탑비 탑본
국립중앙박물관

이라고 하였던 것도 그가 황제가 되었기 때문에 친족인 그에게 그에 상응하는 '대왕(大王)'이라는 칭호를 내린 것이었다. 실제로 광종을 '황제폐하(皇帝陛下)'로 호칭한 원종대사의 비문도 경기도 여주에 남아 있다.

또 이때의 영향으로 아들 경종 역시 국왕 대신 황제로 호칭하였던 것으로 보인다. 그의 아내는 헌숙왕후인데 『삼국유사』에 따르면 당대에는 헌승황후(皇后)로 불렸다. 곧 경종 역시 당시에 황제로 행사하고 있었다는 뜻이다. 그리고 실제 확인할 수 있는 기록은 다음의 경기도 하남시에 현존하는 마애약사불좌상(磨崖藥師佛座像)에 새겨진 명문이다.

977년 7월 29일에 옛 석불이 있던 것을 중수하여 지금의 황제(즉 경종)가 만세토록 사시기를 바랍니다.

마애약사불좌상 문화재청　　**마애약사불좌상 명문(부분)** 문화재청

증거는 또 있다. 해가 바뀌어 951년 봄, 봉은사(奉恩寺)를 성의 남쪽에 창건하여 태조의 원당(願堂)으로 삼고, 또 불일사(佛日寺)를 동쪽 교외에 창건하여 돌아가신 어머니 신명순성왕태후 유 씨(劉氏)의 원당으로 삼았다. 더욱이 좀 더 시간이 흘러서 954년 봄에는 광종이 숭선사(崇善寺)를 창건하여 돌아가신 어머니의 명목을 빌었다. 불일사가 있는데 또 어머니의 원당을 만들었다니 조금 의외일 수 있지만, 차이점은 바로 장소에 있다. 불일사는 개경에 있지만, 숭선사는 어머니의 고향이라고 할 수 있는 충주에 건립되었다. 아마도 자신의 외가인 충주 지역의 민심을 자신에게 유리하게 가져가기 위한 정치적 포석이었을 것이다. 아직 그는 자신의 집권에 대한 기반을 굳건히 가지고 있을 필요가 있었다.

이 중 봉은사에는 태조 왕건의 동상이 안치되었다. 다행히 그 동상은 우연히 발견되어 오늘날 실물을 볼 수가 있는데, 놀랍게도 그 동상에 씌워진 통천관은 제후가 아닌 황제가 쓰는 형태였다. 곧 황제인 태조의 가시으로 광종 자신도 결국 황제라는 것을 말하고 싶었던 것이다. 광종이 고려를 제국으로 만들고 싶어했음이 더욱 분

왕건 동상 한국문화유산정책연구소

명해졌다. 당연히 이를 호족들은 그저 말없이 지켜만 보고 있지는 않았다.

아직까지 광종에게는 힘이 부족했다. 호족들의 견제는 그로 하여금 자신의 꿈을 당분간 포기할 수밖에 없게 하였던 것 같다. 이해 12월에 고려는 자체 연호를 폐기하고 후주(後周, 951~960)의 연호를 대신 사용하기로 결정했기 때문이다. 후주는 참고로 중국의 혼란기였던 5대 10국 시대의 마지막 주자였다.

이로써 광종이 추구하였던 제국으로의 이행은 첫 번째 시도였던 연호의 포기와 함께 결국 한시적인 조치가 되고 말았다. 구체적 표현은 없지만, 아직 호족연합국가의 체제에서는 국왕이 혼자 튀는 것을 실권을 쥔 호족들이 가만히 놔둘 리가 없었을 것이다. 결국 광종은 어쩔 수 없이 1년여 만에 광덕 연호를 포기하는 결정을 내린다. 주위에서 표면적으로는 국제관계까지 고려해야 한다는 제언들로 그

를 괴롭혔던 것은 아니었을까.

광종은 아직 자신에게 힘이 충분치 못하다는 사실을 절감하고 있었다. 그는 이를 갈았지만, 결코 내색은 하지 않았다. 그저 아주 조용히 자신의 힘을 기르는 데 집중할 뿐이었다.

여기서 잠시 광종 때의 외교관계도 한번 짚고 넘어가도록 하자. 기본적으로 고려의 주변국은 크게 중국의 패권국가와 북방민족이 세운 국가, 그리고 일본으로 구분할 수 있다. 중국은 고려 건국 전에는 당나라가 있었으나 5대 10국의 혼란기를 거치면서 송나라로 재통일되는 역사적 흐름에 있었다. 고려는 중국의 어느 나라든 강대국으로 인정하고 당시의 국제적 외교관례를 따르는 정책을 시행하고 있었다. 북방민족은 종종 중국을 위협하는 세력으로 성장하기도 하는데, 고려 건국 시는 거란이 득세하던 시절이었다. 이후 여진의 금나라 그리고 몽골의 원나라로 패권국이 바뀌게 된다. 대체로 고려는 이들과 국경선을 맞대고 있어야 했던 관계로 북방민족을 잠재 적국으로 상정하고 있었다. 그에 비해 일본은 상대적으로 적대적 관계는 아니었지만, 접촉을 위해서는 바다를 건너야 했던 만큼 접근성이 떨어지고 또 신라 때부터 관계가 악화된 상태여서 그다지 교류가 활성화된 사이는 아니었던 것 같다.

중국, 즉 후주부터 광종의 외교는 시작되었다. 중점 사안은 역시 광종의 즉위에 대한 후주 측의 정권 인정이었다.

952년 1월 13일, 광종이 사신으로 파견한 광평시랑(廣評侍郎) 서봉(徐逢) 등 97명이 후주에 도착하였다. 아직 왕소는 국왕으로 인정받은 상태가 아니었기에 권지국사(權知國事) 자격이었다. 그런데 이때 고려가 후주에 사신을 파견하였다는 기록은 남아 있지 않다. 대신 후한(後漢) 말, 즉 950년에 선왕의 사망으로 왕소(王昭)가 권지국사(權知國事)가 되었다는 기록이 중국 측 역사서인『송사(宋史)』에 남아 있는데, 이에 따르면 당시 고려는 다음 국왕의 즉위를 중국 측에서 인정해줄 때까지는 대외적으로는 권지국사, 즉 '임시 국정대행'으로서 국왕의 부재중 업무를 대신 맡는 형태를 취하였던 모양이다. 이는 현대 국가라고 했을 때는 대통령 유고 시 국무총리가 맡는 '대통령 권한대행'과 같은 의미라고 보면 되겠다. 참고로 고려의 개창자인 태조 왕건도 그렇고 조선의 태조 이성계 역시 즉위 전 권지국사로 자칭했던 적이 있다.

2월 7일, 후주에서는 광종을 고려국왕으로 정식으로 인정하고, 위위경(衛尉卿) 유호(劉皥)와 통사사인(通事舍人) 고언포(顧彦浦)를 보내어 책명을 전하게 하였다. 그런데 사신단을 이끄는 유호가 도중인 4월 9일에 운주(鄆州)에서 61세의 나이로 죽고, 부사 고언포 또한 모두 죽자 2차로 사신단을 구성한 것이다.

그래서 9월 12일에 후주에서는 다시 태복소경(太僕少卿) 왕연(王演)을 임시로 위위경(衛尉卿)에 임명하여 고려국왕 책봉 사절로 삼고 우위솔부(右衛率府) 여계빈(呂繼贇)을 임시 장작소감(將作少監)으로 임명하여 부사로 삼았다. 앞서의 유호, 고언포가 모두 죽자 2차로 사신단을 꾸렸다.

그 사이 후주 쪽으로부터 아무 연락이 없자 광종은 다시 사신 진참(陳參) 등을 후주로 파견하였고, 그들은 10월에 회남(淮南, 회수 이남 양자강 이북 지역) 지역을 거쳐 후주의 수도에 도착할 수 있었다. 아마도 당시 고려의 사신들은 서해와 발해의 연안항해가 아닌 서해를 곧바로 가로지르는 횡단로를 이용하였던 모양이다. 이들을 접견한 후주황제는 연말쯤 사신단으로 확정된 왕연과 여계빈을 고려로 파견하였다.

그들은 953년 초경 고려에 도착하여 광종을 정식으로 고려국왕으로 인정한다는 내용을 전달해왔다. 이와 관련된 작은 에피소드 한 가지가 전해진다. 하필 이때 비가 많이 내려서 사신 영접에 차질이 빚어지자 균여(均如, 923~973)가 나서서 비를 그치게 하였다는 신화와도 같은 일이 전해진다. 이때 광종의 눈에 든 균여는 이후 출세하여 광종의 원당이 되는 귀법사 주지에까지 오르게 된다. 그런데 사실 균여는 광종보다 먼저 대목왕후와 관련이 있는 사이였다. 이 당시만 해도 광종은 전혀 모르고 있었던 것 같은데, 이 둘의 관계에서 오랜 기간 숨겨온 비밀은 언젠가 밝혀지는 날이 올 것이다.

955년 10월 14일, 광종은 후주에 대상(정4품) 왕융(王融)을 보냈다. 이때 사행의 목적은 알 수 없지만, 참고로 왕융은 광종 때부터 성종대에 이르기까지 곧 보게 될 과거시험의 지공거, 즉 시험관으로 오랫동안 활동하게 되는 인물이다.

11월 5일, 또다시 광평시랑(廣評侍郎) 순질(筍質)을 후주에 보내 새 황제의 즉위를 하례하였다. 이에 후주에서는 연말쯤 장작감(將作監) 설문우(薛文遇) 등을 고려로 파견하였다. 이때의 후주의 황제는 제2대 세종 시영(柴榮, 921~959, 재위 954~959)이었다. 하지만 후주는 오래 가지 못하고 중국 5대 10국 시대의 대미를 장식한 채 960년에 후주의 장군 출신인 조광윤(趙匡胤, 927~976)에 의해 무너지고 새롭게 송나라(宋, 960~1279)의 시대가 열리게 된다. 조광윤이 곧 초대황제인 송 태조(太祖, 재위 960~976)가 된다.

그가 파견한 설문우는 956년 초에 고려에 도착했다. 여담이지만 그가 대동한 한 명의 인물이 고려는 물론 이후 한반도에 1천년 가까이 미친 영향에 대해서는 잠시 후 다시 살펴보게 될 것이다.

958년 7월 6일, 후주에서 상서수부원외랑(尙書水部員外郞) 한언경(韓彦卿)과 고려 출신인 상련봉어(尙輦奉御) 김언영(金彦英)을 보내 비단 수천 필을 가지고 와서 고려의 구리를 사갔다. 목적은 돈을 주조하기 위함이었다고 한다. 당시 고려에서는 구리나 은과 같은 광물이 많이 생산된다고 외국에도 널리 알려져 있었다. 후주에서는 구리가 부족했던지 이후 이렇게 제작된 동전의 해외 유통을 엄금하는 조처를 반복적으로 취할 정도였다. 그래서 광종은 후주에서 동전 주조에 필요한 구리를 대량으로 필요로 한다는 점을 알고는 959년 겨울 11월에 후주 측에 수정 4,000개와 함께 구리 50,000근을 선물하기도 했다.

어쨌거나 이때 한언경은 귀국하여 『박학기(博學記)』라는 책을 통해 고려에 대해 보고들은 정보를 기록으로 남기는데, 다행히도 그중 일부 내용이 전해지고 있다. 이것은 당시 고려인들의 언어습관이나 생활방식을 이해하는 데 중요한 실마리가 되기도 한다. 그럼 고려식 어휘 표현을 몇 가지만 살펴보자.

안개 : 하늘을 가리는 보행 장애물

서리 : 두려운 가루

이슬 : 맺힌 물

우박 : 얼음 자식

무지개 : 공기 엄마

별 : 금가루

　그 밖에도 우유를 끓여 만든 음료나 죽이 존재했다는 등 당시 고려사회 내의 생활상을 우리는 이 책의 기록을 통해 알 수가 있다.

　959년 봄 1월 6일, 광종이 후주에 사신으로 파견한 좌승(종3품) 왕긍(王兢)과 좌윤(종6품) 황보위광(皇(黃)甫魏光) 등이 명마와 옷, 활과 칼, 갑옷 등을 선물하였다. 후주에서도 고려 사신들에게 옷, 은띠, 그릇, 비단 등의 선물을 주었다. 나중에 고려의 개혁에 일익을 담당하게 되는 쌍기라는 인물의 아버지 쌍철을 고려로 데려온 이가 바로 이때의 왕긍이다.

　이해 가을 8월 29일, 후주에 다시 사신을 보내 『별서효경(別序孝經)』, 『월왕효경신의(越王孝經新義)』, 『황령효경(皇靈孝經)』, 『효경자웅도(孝經雌雄圖)』 등을 선물하였다. 『별서효경』은 공자의 출생과 제자들이 학문을 배운 일을 기록한 것이고, 『월왕효경신의』는 월왕이 물어서 소문이 시비를 풀이한 것이며, 『황령효경』은 수명을 연장하고 재앙을 물리치는 일 등을 담은 도교의 서적이고, 『효경자웅도』는 햇무리와 별의 모습으로 자연재해를 해석한 책이라고 한다. 고려인들은 문자를 알고 글 읽기를 좋아한다고 당대에도 소문이 나 있었는데, 후주에서는 이미 시중에서 사라진 책들을 이 기회에 고려 측에서 선물로 제공한 것이다.

이에 9월 13일 후주에서는 광종에게 검교태사(檢校太師)라는 훈직을 더해주기로 결정하였고, 이달 24일에 좌효위대장군(左驍衛人將軍) 대교(戴交)를 사신으로 고려에 파견하였다. 아마도 대교를 따라왔던 것으로 보이는 여경사(如京使) 장료(章僚)가 일종의 견문기인『해외사정광기(海外使程廣記)』3권을 저술하는데, 이 책에는 중국과 고려 사이의 해도(海道), 고려의 산천과 사적, 그리고 물산 등이 상세히 기록되어 있었다고 하지만 아쉽게도 전해지지는 않는다.

이후에도 후주의 뒤를 잇는 송나라와의 국제외교는 지속해서 이루어졌다.

962년 겨울 11월 22일, 광종이 파견한 광평시랑(廣評侍郎) 이흥우(李興祐), 부사 이려희(李勵希), 판관 이빈(李彬) 등이 처음 송나라에 도착하였다. 이때의 송나라는 태조 조광윤의 치세가 시작된 지 얼마 안 되었을 때였다. 그로서는 외국의 사신단이 자신을 방문해준 것에 기쁘지 않을 수가 없었다.

963년 4월, 송 태조는 고려국왕인 광종에게 추성순화보의공신(推誠順化保義功臣)이라는 호칭을 부여했다. 이를 전하기 위해 사신으로 시찬(時贊) 등을 고려에 파견했는데, 바다에서 풍랑을 만나 물에 빠져 죽은 사람이 90여 명이나 되었고 시찬만 홀로 살아남았다. 이 사건은 9월 5일에 등주(登州, 오늘날 산동반도)에서 송 조정에 보고함으로써 알려지게 되었다. 이 당시 이들이 지참한 송 태조의 국서는 다음과 같다.

개부의동삼사(開府儀同三司) 검교태사(檢校太師) 현도주도독(玄菟州都督) 충대의군사(充大義軍使) 고려국왕(高麗國王) 왕소는 태양의 정기가 뭉쳐 요좌(遼左)에서 영웅으로 추대되어 기자(箕子)가 남긴 교화를 익히고 주몽(고구려의 시조)의 옛 풍습을 따랐소. 그리고 구름과 바다를 관측하여 조공으로 제정(帝庭)을 채웠으니, 그 쏟은 정성을 생각하면 실로 매우 가상한 일이오. 그러므로 의호(懿號)를 하사하는 동시에 공전(公田)으로도 보답하며, 먼 나라 사람들을 회유하는 은혜를 이루어 중국에 충성하는 뜻을 표창하는 바이오. 만 리를 와서 조공을 하니 진정한 충성이 아름답구려. 사방의 영토를 위무하며, 부디 흔들리지 말고 영원히 국가를 보존하여 마침내 하늘의 은혜가 있기를 바라오. 추성순화보의공신(推誠順化保義功臣)의 칭호를 하사하겠소.

그렇다면 중국 외에 일본과의 외교는 어떠했을까? 기본적으로 광종은 정부 차원에서의 적극적인 외교관계를 추진하지는 않았던 것 같다. 부분적으로 전해지는 기록만 봐서는 지방정부 차원에서의 교역만 눈에 띌 뿐이다.

972년 9월 23일, 일본 다자이후(大宰府)에서 고려 남원부사(南原府使) 함길긍(咸吉兢)이 쓰시마에 도착한 사유를 올렸다. 이 보고는 10월 7

일에 수도에 도착하였다. 그런데 불과 일주일 후인 10월 15일, 다자 이후에서 고려 김해부사(金海府使) 이순달(李純達)이 쓰시마에 당도한 사유를 재차 보고하였다. 앞서 도착한 함길궁의 배와 같이 조사해보니 주(州)의 이름과 연호가 다르다고 하였다.

10월 20일, 일본 공경들이 고려에서 보내온 공문과 관련해 의논하여 다자이후에서 답신을 보내도록 하였다. 이들이 검토했다는 것은 두 부사의 각각의 공문이었던 듯하다. 이후의 조치내용은 알려진 것이 없지만 아마도 무역과 관련된 일이었을 것으로 보인다. 왜냐하면 2년 후인 974년 윤10월 30일에 고려국 교역사(高麗國交易使)라는 존재와 함께 고려말 등 고려 물품들이 쓰시마에서 매매되는 모습이 발견되기 때문이다. 이들 지방장관들은 국가 차원은 아니었지만, 지역 차원에서 개별적으로 대일본 무역을 추진하였던 것 같다.

이외에는 광종이 대일본 외교를 수행하였다는 기록은 전혀 발견되지 않는다. 아마도 당시 사회 분위기상 대중국 외교에만 관심을 기울였던 것으로 보인다.

다만 독특한 기록 한 가지가 전해진다. 952년의 사건 하나가 일본에 기록으로 남아 있다.

신라 조명왕(照明王)의 대통황후(大樋皇后)가 하세데라(長谷寺, 장곡사)에 33종의 보물을 기증하였다.

이미 이때는 신라가 멸망한 지 오래서 신라는 아마도 고려의 오기인 듯하고, 조명왕이나 대통황후는 신라는 물론 고려에도 전혀 존재가 드러나지 않는다. 다만 이 기록이 광종의 치세 때여서 혹 광종과 관련된 기사가 아닐까 싶다. 좀 더 자세히 살펴보자면, 조명(照明)이란 말은 빛으로 밝게 비춘다는 뜻이어서 광종의 이름인 밝을 소(昭)자, 그리고 그의 묘호인 빛 광(光)자와 그대로 통한다. 대통황후라는 호칭 역시 광종의 아내인 대목왕후(大穆王后) 황보 씨와 거의 비슷한 점도 같은 맥락에서 주목된다.

즉 이는 광종의 아내 대목왕후가 현재 일본 나라현 사쿠라이시(桜井市)에 있는 하세데라에 선물을 보냈다는 기록인 것이다. 하세데라는 7세기에 지어져 8세기에 확장된 것으로 알려져 있는데, 이후 여러 차례 불에 타 지금은 새로 지어진 형태라고 할 수 있다.

하세데라(長谷寺) 위키피디아

하세데라는 일본 진언종(眞言宗) 안에서 부잔(豊山)이라는 일파의 총본산인데, 밀교(密敎)에 기반한 불교이다. 헤이안 시대 초기에 당나라에 유학을 다녀온 일본의 유명한 승려 구카이(空海, 774~835)가 창시한 진언종은 국가의 안정을 수호하고 재앙을 없애고 복을 쌓는 것을 목적으로 삼았는데, 즉신성불(卽身成佛), 곧 진언을 외우는 등의 수행법을 익히면 현세의 몸 그대로 부처가 될 수 있다고 주장하는 종파였다. 이와 같은 기복신앙적이면서 현세적인 성격 덕분에 진언종은 일본 민중 사이에 널리 퍼져 빠르게 자리 잡을 수 있었다고 한다. 여담이지만, 참고로 그가 일본의 가타가나를 만든 이라는 설도 있다.

왜 그녀가 멀리 일본에까지 기증품을 보냈는지는 알 수 없다. 짐작이지만 그녀는 혹시 국내에서는 이미 할 만큼 했는데도 자신의 기도가 효험이 없자 국경 너머 저 멀리 외국의 유명한 절까지 찾아 무언가 '재앙을 없애고 복을 쌓는 것'을 위해 필사적으로 기도하려던 것은 아닐까? 그녀가 그토록 간절히 빌고자 하였던 것은 과연 무엇이었을까?

광종과 대목왕후는 945년 이전에 결혼한 사이였다. 그런데 7년 이상 흐른 952년 이때까지도 이들 사이에서는 아들이 태어나지 않았다. 그들 사이에 딸은 태어났는데 그런데도 왕위를 물려받을 왕자가 아직 없다는 사실은 그녀로 하여금 경쟁자인 혜종의 딸 경화궁부인에게 자칫 밀릴 수도 있다는 일종의 공포감을 느끼게 한 것이 아니었을까.

이러한 그녀의 기도가 나중에 정말 통한 것인지, 그녀는 첫아들 왕주를 이로부터 2년 후인 954년 말에 임신하게 된다. 그리고 연달아 효화태자라는 또 다른 아들까지 낳게 되니 그녀로서는 비싼 돈들인 것 이상으로 효과를 뽑아낸 셈이었을 것이다.

그렇게 955년 9월 드디어 첫아들 왕주가 태어났다. 그런데 한 가지가 문제가 있었다. 대목왕후는 간절한 바람으로 아들을 낳는 데에는 성공했지만, 대신 이 아들을 너무도 소중히 여겨서 금지옥엽같이 감싸고 돌았다. 그에 대한 최승로의 목격담이다.

경종께서는 깊은 궁궐 속에서 태어나 부인의 손에서 자라나서서, 궁궐 문밖의 일은 일찍이 보지도 알지도 못하셨습니다.

대목왕후의 아들 사랑은 치명적이었다. 더욱이 나중에 둘째 아들이 태어났지만, 일찍 죽어 대목왕후의 사랑은 왕주에게 거의 집중되다시피 하였다. 그녀가 그럴 수밖에 없었던 환경적 요인도 분명 존재했겠지만, 어쨌든 왕주는 어머니가 보호하면 보호할수록 점점 더 사교성은 떨어질 수밖에 없었다. 나중에 그가 어떻게 삐뚤어진 성격을 가지게 되는지는 차차 보게 될 것이다.

제 4 장

❀

마키아벨리 혹은
『한비자』의 길

바야흐로 광종이 남몰래 절치부심하면서 기다려온 그 순간이 다가왔다. 바로 고려사회의 근본적인 개혁의 착수였다. 그리고 이를 통해 그가 목적한 바는 곧 호족들의 제압이었다. 스스로 왕위에 오르기까지도 호족들의 힘이 필요했고, 그의 전임자들 역시 즉위와 사망에 마찬가지로 호족들이 깊이 관련되어 있음은 이미 본 그대로이다. 광종은 고려가 번영하기 위해서는 지나치게 방대한 권력을 가진 호족들을 제압하고 왕권을 강화하는 것이 필수적이라고 느끼고 있었다.

특히 아버지 태조 왕건이 경쟁자 진훤을 상대하면서 스스로 '포용의 정치'를 표방하며 수많은 호족을 자신의 편으로 만들기 위해 혼인 동맹까지 추진했는데, 이 때문에 그의 치세에서는 미처 할 수 없었던 복잡한 권력의 혼돈 상태를 누군가는 교통정리 해야 하는 상황이었다. 이대로 놔두어서는 호족들의 발호가 고려사회를 언젠가 썩게 할지도 모른다는 위기감을 광종은 분명 절실히 체감하고 있었다. 그는 아버지가 남겨둔 잠재적인 정치 폭탄을 지혜롭고도 현명하게, 그리고 가급적 문제가 커지지 않도록 능수능란하게 해결해야 하는 입장이었다.

이를 위해서 광종은 총 네 가지 회심의 카드를 준비했다. 첫째, 외국인재의 등용, 둘째, 노비안검법, 셋째, 과거제 실시, 넷째, 관료제 확립이 그것이었다. 이것들은 어느 날 갑자기 진행된 것이 아니라 아마도 자신이 집권 초기부터 고민해왔던 것들을 이때부터 2년 간격으로 조금씩 풀어내었던 것 같다. 특히 첫 번째 아이템은 우연히도 그때가 자연스럽게 다가왔다.

개방적 인사정책

956년 초, 후주에서 보낸 장작감(將作監) 설문우(薛文遇)가 와서 광종을 올려서 책봉하였다. 이때 마침 전 무승군 절도순관(武勝軍節道巡官) 장사랑(將仕郎) 대리평사(大理評使) **쌍기(雙冀)가** 설문우를 따라왔다가 병 때문에 고려에 머무르게 되었다. 무승군은 지금의 산동반도이고, 당시의 관직으로 보면 쌍기는 그다지 높지 않은 관원일 뿐이었다. 광종은 그가 병이 낫자 불러와서 대화를 나누어보았는데, 그의 생각이 광종의 뜻과 맞았다. 이에 광종은 그를 자신의 개혁에 활용하기 위해 후주에 국서를 보내 쌍기를 고려에 남게 해달라고 요청하였다. 그러고는 후주로부터 답신을 받기도 전에 고려의 관직체계를 뛰어넘어 곧바로 원보(종4품) 한림학사(翰林學士)로 임명하였고 또 한 해가 지나기도 전에 승진시켜 문병(文柄)을 맡겼는데, 당시 세간에서는 지나친 우대조치라고 불만을 가질 만했다. 여기서 문병이란 국가의 공식 문서들에 대한 모든 통제 권한을 의미한다.

3년 후인 959년 봄에는 그의 부친인 시어(侍御) 쌍철(雙哲)이 당시 후주에서 청주(淸州)의 수령이 되었는데, 쌍기가 총애를 받는다는 소식을 듣고는 마침 고려에서 파견온 사신 왕궁(王兢)을 따라 고려에 귀순하여 좌승(종3품)을 부여받았다.

아쉽게도 이들 부자에 대한 일은 이후 사서에 남아 있지 않다. 쌍기는 961년 4월까지는 과거시험을 주관하였고 3년간 시험을 쉬었다가 964년부터는 다른 이들이 시험 주관자가 된 것을 보면 그사이에 죽은 것이 아닌가 짐작된다. 그가 처음 고려에 남은 것도 병에 의한 것이었으니 혹 병약한 체질로 너무 열심히 광종의 개혁을 돕느라 온 힘을 소진하여 일찍 죽은 것은 아니었을까?

광종은 쌍기와 쌍철 부자뿐만 아니라 외국인 중에 능력이 있는 자는 누구나 받아들였다.

채인범(蔡仁範)은 송나라의 강남(江南) 천주(泉州) 사람으로, 970년에 천주의 지례사(持禮使), 곧 지방정부 차원의 사신을 따라 고려의 조정에 들어왔다가 광종이 그를 머무르게 하고는 예빈성(禮賓省) 낭중(郎中, 5품)에 임명하였다. 이어 주택 한 채와 노비와 토지를 하사하고, 여러 필요한 물품들을 모두 다 국가에서 지급해주라고 명하였다. 채인범은 경전과 역사에 널리 통달하고, 문장을 잘 지어 국왕을 보좌하는 큰 재주를 품은 대학자였다. 이에 더하여 욕심이 없고 신중한 데다 착실하여 이후에도 여러 국왕을 도우면서 모든 직무를 잘 수행하였다. 그의 아들은 현종 때에 문하시랑 평장사(門下侍郎平章事, 정2품)까지 올라가는 채충순(蔡忠順)으로 추정된다.

이들은 고려의 민족적 개방성을 잘 말해주는 사례이다. 그뿐만 아니라 해외경험을 한 고려인 역시 광종에게 매우 중요하게 여겨졌다.

한 명만 대표적으로 살펴보자. 장연우(張延祐)는 후백제 영토였던 영주(瀛州, 전북 고창) 출신이었다. 신라 말에 부친 장유(張儒)가 중국의 동남부 지역인 오월(吳越)로 피난 갔다가 후에 귀국하였다. 광종은 그가 중국어를 잘하므로 외국 귀빈을 응대하는 객성(客省)에 수시로 임명하였고, 매번 중국 사신이 오면 반드시 장유가 그들을 접대하게 하였다. 장연우는 행정 실무에 밝아 그 재능과 능력으로 칭찬을 받았다. 나중에는 오늘날 재무부장관쯤 되는 호부상서(戶部尚書)까지 올랐다.

하지만 최승로는 쌍기로 대변되는 외국인 및 신진인사 등용에 대해 매우 비판적이었다.

쌍기(雙冀)를 등용한 이후 문사(文士)들을 높이고 중용하며 대접이 지나치게 후하셨습니다. 이로 인해 재능 없는 사람들이 너무 많이 등용되어 순서를 지키지 않고 갑자기 승진하여 일 년도 안 되어 재상이 되기도 하였습니다. 어떤 때는 저녁마다 사람을 불러 접견하시고, 어떤 때는 날마다 불러 의견을 들으셨습니다. 이런 일을 기쁘게 생각하시고 정사에 태만하시니, 군사와 국정의 중요한 사안은 막혀서 통하지 않게 되고, 각종 잔치가 길게 이어지고 끊이지 않았습니다. 이에 남과 북의 용렬한 자들(庸人)이 다투어 청탁하고 의탁하였는데, 지혜와 재능이 있는지는 논하지 않고 모두 특별히 은혜와 예의를 갖추어 대하셨습니다. 그러므로 어린 것들(後生)이 앞다투어 나아가고, 오래도록 덕 있는 이들은 점점 쇠락하였습니다. 중화의 풍속은 소중하게 여기셨지만 중화의 훌륭한 법식은 취하지 못하셨으며, 중화의 선비는 예의로 대우하셨어도 중화의 현명한 인재는 얻지 못하셨습니다. 백성으로부터는 피와 땀이 서린 재물을 짜내고, 사방으로부터는 실속 없는 칭찬만을 들었습니다. 이로 인해 다시는 정치에 힘쓰지 않고 빈료(賓僚)만을 접견하니 시기는 날마다 깊어 가고 정사에 대한 토론(都兪)은 날로 막혀서, 당면한 정치적 득실에 대해 감히 말하는 사람이 없어졌습니다.

최승로의 관점이 결코 틀린 것은 아니다. 이와 같은 보수적 가치관도 분명 필요한 것은 맞다. 하지만 나와 생각이 다르다고 하여 용렬하다거나(庸人) 어리다고(後生) 하대하는 것은 딱히 발전적인 태도는 아닐 것이다. 항상 변화는 동종교배가 아닌 새로운 사상과 사람들의 교류를 통해 자연히 발생하기 마련인데, 기존 질서에 대한 지나친 강박으로 인해 나와 다름을 용인하지 못하는 자세는 그다지 바람직해 보이지는 않는다.

결국 광종은 이러한 꽉 막힌 사고방식을 타파하기 위해 당시로서는 파격적이라는 평가를 받았음직 한 개방적 인사정책을 도입하게 되었다. 기존의 낡은 질서에 안주하려는 기득권 세력들의 사고방식에 근본부터 충격을 가해 균열을 일으키고, 그간 사회에서 쉽게 등용되지 못하고 배척받았던 세력과 또 아직 깨어 있는 젊은 세대를 아울러 끌어안아 새로운 시대를 열고자 하였던 그것이 결국 광종이 진정 원하던 지향점이었다.

노비안검법

　　　　　　　외국인 등용에 이어 광종이 치밀하게 준비했던
또 다른 호족억압책이 956년 같은 해에 실시되었다.

　그는 대대적으로 노비를 안검(按檢)하는 작업에 착수했다. 여기서
안검이란 자세히 조사한다는 뜻인데, 결국 그들이 정당하게 노비가
된 것인지 판별하는 전수조사를 추진하였다는 뜻이다. 외국인 등용
이 측면 공격이었다면 이는 기득권의 한 축을 허물어뜨리는 강력한
조치였다. 마침내 광종이 호족들을 대상으로 그들의 치명적 약점을
파고들기 위해 공세로 전환한 것이었다. 이로 인해 주인을 배반하는
노비들이 매우 많아지고, 이로 말미암아 윗사람을 능멸하는 풍조가
크게 유행하였다. 당시 사람들이 모두 탄식하고 원망하였고, 대목왕
후까지 나서서 간곡히 말려보았지만, 광종은 결코 받아들이지 않았
다. 역사의 평가는 그러하지만 이처럼 크게 불만을 가진 이들은 대
개는 결국 노비의 주인들일 수밖에 없었을 것이다.

　이를 역사에서는 노비안검법이라고 부르는데, 그 파급력은 엄청났
다. 원래 태조가 고려를 개국하기 전인 신라 시대에도 이미 노비제
도는 있었지만, 내전을 통해 포로가 대규모로 증가하자 태조는 이
들을 풀어주어 양민으로 삼고자 하였으나 공신들의 강력한 요청으
로 포로를 노비화하는 것을 허용한 것이 고려의 노비 활성화의 시초
였다. 이후 나날이 서로 빼앗고 합치는 것이 과도해지니 전담 관사
를 두어 관리하게 하였지만, 이 역시도 시간이 지나면서 근본적인
문제는 치유할 수가 없게 되었다.

이미 노비는 축재의 수단으로 전락한 지가 오래였다. 호족들에게 노비는 말 그대로 돈 그 자체였다. 오늘날의 관점에서 바라보자면 노비제는 악습도 그런 악습이 없을 것이다. 광종의 노비안검법은 노비제도 자체를 부정하는 것은 아니었다. 다만 부정한 방식으로 노비를 취득한 것을 바로잡는다는 취지였다. 당시는 너무나 오랫동안 노비제도가 존속해왔던 중세사회였다. 이를 오늘날의 잣대로 판단하는 것은 곤란한 일이다. 광종의 노비안검법은 그 보수적인 환경하에서 그나마 사회정의를 되찾고자 시행된 것이라는 점을 높이 평가할 수밖에 없다.

참고로 노비제는 고조선 때부터 있었다. "도둑질한 자는 노비로 삼는다"라는 8조법이 이를 증명해준다. 이 노비제는 삼국시대, 고려, 조선을 거치면서 2천 년이 넘는 세월을 끊임없이 이겨냈다. 인간의 욕심은 무한하므로 물리적인 수단으로 제어하지 않으면 이와 같은 불합리한 제도도 오랫동안 살아남을 수 있다. 노비제는 후대에 조선의 생명력이 점차 끝나가던 시점인 1894년에 신분제의 폐지와 함께 일몰됨으로써 마침내 역사에서 사라진다.

이 당시를 직접 체험했던 보수적인 학자 최승로의 평을 들어보자.

우리나라의 양민과 천민에 대한 법은 그 유래가 오래되었습니다. 태조께서 창업하신 초기에 여러 신하들 가운데 본래 노비를 소유했던 사람을 제외하고, 그 나머지 본래 소유하지 않았던 사람들은 종군하여 포로를 얻거나 돈으로 노비를 사기도 하였습니다. 태조께서는 일찍이 포로를 풀어주어 양인으로 삼고자 하셨으나, 공신의 뜻이 동요될까 염려하여 편의를 따르노록 허락하셨는데, 60여 년이 지나도록 항소하는 사람이 없습니다.

광종 대에 처음으로 노비를 자세히 조사토록 하여 그 옳고 그름을 판별하도록 명령하셨으니, 이에 공신들은 탄식하고 원망하지 않는 자가 없었으나 이에 대해 간하는 자도 없었으며, 대목왕후께서 간절하게 간청하셨으나 듣지 않았습니다. 이에 천한 것들이 뜻을 얻어 존귀한 사람들을 능멸하고 무시하고 다투어 허위 사실을 끌어다가 본래의 주인을 모함한 것을 이루 다 기록할 수 없었습니다. 광종께서는 스스로 화근을 만들어놓고 능히 끊고 막지 못하였으며, 말년에 이르러서는 잘못 죽인 것이 매우 많아서 덕망을 잃은 것이 컸습니다.

확실히 광종 치세에 부정적인 인사의 평가여서 한편으로는 악의적이라는 느낌이 들 정도이지만, 이 반론에서 참고할 만한 부분이 있다. 노비안검법의 취지에 대해서는 최승로도 감히 반박할 수가 없었다는 점이다. 이 반론은 노비안검법의 시행에 따른 부작용만 공격하고 있다. 소위 프레임(frame)을 노비안검법 자체가 아니라 그 시행에서의 문제점으로 호도함으로써 노비안검법 자체를 무력화하는 그런 논리를 펴고 있는 것이다. 오늘날에도 어떤 정책 자체를 반대하고자 할 때 그 취지에는 차마 반대할 수 없을 때 주변적인 문제점들을 최대한 부각하여 사람들의 주의를 그 외적인 이슈로 분산시키는 등 전반적으로 부정적인 인식을 조장하는 수법과 무척 닮아 있다.

더욱이 앞서서 태조의 노비제에 대한 태도를 들어 건국의 아버지는 아무 문제 제기도 안 했는데 왜 광종만 나서서 설치냐는 말을 하고자 했던 것 같다. 이미 고려 사회에 고유의 문화이자 제도로 잘 정착된 사안을 군이 왜 건드리느냐는 불만을 노골적으로 드러낸 것이다. 최승로는 순수한 학자나 관료라기보다는 보수적인 정치인의 느낌이 더 많이 든다.

그의 말을 좀 더 들어보자. 이 부분은 성종에게 당부하는 내용이다.

> 부디 과거의 일을 깊이 성찰하셔서 천한 자들이 귀한 이들을 업신여기지 못하게 하시고, 노비와 주인과의 관계를 공평하게 처리하십시오. 대개 벼슬이 높은 사람은 이치를 알아서 불법이 드물고, 벼슬이 낮은 사람은 참으로 그 지혜가 능히 비행을 꾸밀 수 없는데, 어찌 양인을 천인으로 만들 수 있겠습니까? 궁원(宮院)과 공경(公卿)이 비록 위세로써 나쁜 짓을 저지르는 자들이 혹시 있다 할지라도, 지금의 정치가 거울처럼 밝기 그지없는데 어찌 제 마음대로 할 수 있겠습니까? 오직 지금의 판결은 중요한 일은 상세하고 분명하게 하여 후회가 없도록 할 것이며, 앞 시대의 판결은 자꾸 캐내고 따져서 어지럽게 하는 단서를 열지 않아야 하겠습니다.

보수적인 정치가의 논리를 그대로 보여주고 있다. 사회 지도층에 대한 무한 신뢰와 함께 노비를 비롯한 사회 하층민들에 대한 깔보는 태도가 물씬 풍긴다. 간혹 나쁜 짓을 하는 상류층도 있을 수 있지만 크게 문제없는 수준이라는 생각은 귀족주의적 사고방식을 보여주는 것이다. 최승로가 대변하는 당대 호족들, 귀족층의 가치관과 사회관념이 어떠했는지 잘 알 수 있는 사례이다.

최승로는 말로써 칼을 들었지만, 실제로 다른 무력을 가진 호족들은 물리적으로 대응하지 않았을까 싶어진다. 광종 입장에서는 이런 전방위적 포위망을 갖춘 이들과 일대 다의 총력전을 벌이는 수밖에 없었을 것이다. 결코 이 전쟁은 국왕이라는 강자와 힘없는 신하들의 대결이 아니었다. 최승로처럼 논리를 제공해주는 보수 지식인들과 실제 칼을 들고 있었던 호족 귀족계층의 강고한 연합전선에 광종이 신진세력을 이끌고 무모한 도전을 벌였다고 봄이 좀 더 적절할 것이다.

쌍기의 등장과 노비안검법의 시행은 마치 제31대 공민왕 왕전(王顓, 1330~1374, 재위 1351~1374)과 신돈(辛旽, ?~1371)의 만남을 연상시킨다. 신돈은 공민왕의 전폭적인 지지하에 전민추정도감(田民推整都監)을 담당하여 사회정의를 실현하는 일에 뛰어들었다. 그가 권세가들이 빼앗은 토지를 원래 주인에게 돌려주고 부당하게 노비가 된 이들을 해방해주니 모두가 뛸 듯이 기뻐하였다. 이들은 감격에 겨워 "성인이 나왔다!"라고 외치며 신돈을 추앙하였다. 물론 역사에서는 광종의 노비안검법과 마찬가지로 천한 노비들이 양인이 되겠다고 자신의 주인들을 마구잡이로 고소하면서 사회질서가 무너졌다고 비판적으로 전하고 있다.

광종과 쌍기, 공민왕과 신돈 이 두 커플의 차이점은 분명하다. 전자는 서로의 신뢰가 끝까지 갔지만, 후자는 중간에 공민왕이 기대를 저버림으로써 개혁이 좌절되었다는 점이다.

과거제의 도입

958년 여름 5월, 검은 학이 함덕전(含德殿)에 모여들었다. 학은 원래 동양사회에서 고고한 선비를 상징하는 새였는데, 아마도 과거시험의 첫 시행과 연관이 있었을 것이다.

앞서 956년에 쌍기가 고려에 왔을 때 광종에게 제시한 호족개혁책은 상대적으로 온건한 방식이었다. 그의 의견은 과거(科擧)의 실시였다. 과거제도는 수나라의 건국자인 문제 양견(楊堅)이 587년 처음 도입한 것으로 알려져 있는데, 당나라를 거치면서 동아시아 전역에 관리의 공식적인 등용문으로 자리 잡았다. 그 이전까지만 해도 고려는 아무 기준 없는 수시 발탁이나 혈통에 의한 지정 임용이 일반적이었을 뿐이었다. 고려 이전의 신라 시대에는 788년 처음 시행되었던 독서삼품과(讀書三品科)와 같이 아직은 덜 체계적인 방식으로 관리들을 임용해왔던 것이 전부였다. 참고로 이 독서삼품과는 국학(國學)에서의 학업능력을 유교 경전 독해능력을 기준으로 평가하고 관직을 부여하는 제도였다.

쌍기의 제안은 이보다 더 구체적인 방식이었다. 각종 문장력과 정책기획력을 시험하는 진사과(進士科), 유교 경전에 대한 이해 능력으로 선발하는 명경업(明經業), 그리고 복업(卜業)이나 의업(醫業) 같은 실무 과목들로 구분하였다. 쌍기는 초반에 스스로 여러 차례 지공거

(知貢擧)라는 시험 주관자가 되어 과거제도의 정착을 위해 힘썼다. 이렇게 부지런히 후학을 장려하니 비로소 고려사회에서 학문을 숭상하는 기풍이 활발해질 수 있었다.

광종이 시작한 과거제도는 무려 900여 년이라는 오랜 기간 지속되다가 조선 시대 말미에 1894년 갑오개혁에서 근대적인 관리등용법을 제정하면서 폐지된다. 하나의 제도가 이처럼 오래도록 유지된 사례는 역사에서 찾기가 어렵다. 그의 개혁이 갖는 힘이 얼마나 컸는지 잘 알 수 있는 사례이다.

참고로 고려 후기의 대학자 이제현(李齊賢)은 다음과 같이 이를 평가하였다.

> 광종이 쌍기를 등용한 것을 '현인(賢人)을 쓰는 데 기준을 두지 않는다'고 한 것에 부합한다. 과거제도를 도입하여 관리를 선출한 일을 보면 광종에게 올바른 뜻이 있었고, 문치를 통해 풍속을 발전시키려는 의지가 있었음이 분명하다. 그리고 쌍기 역시 광종의 의지대로 유익한 일을 이루었으니 보탬이 되었을 것이다.

이를 통해 보면 과거제의 도입으로 문치를 이룬 것은 일부 부작용을 제외하면 가히 칭찬할 만한 공적이라고 평가하고 있는데, 『동사강목』에 인용된 『문헌통고』의 다음 기사를 보면 사실이었던 듯하다.

> 956년에 사신을 고려에 보냈는데, 풍속이 문자를 알고 글 읽기를 좋아하였으며, 서민의 집에는 각각 큰길에 커다란 집을 짓고 경당

(扃堂)이라 하고 자제들이 밤낮으로 글을 외고 활쏘기를 익혔다.

첫 번째 과거시험이 있기 2년 전 시점에도 벌써 시험제도의 시행 공고만으로도 이처럼 광종의 정책은 고려사회에 문치라는 밝은 기운을 불어넣는 데에 성공하고 있었다. 그가 목적한 바는 호족들로 하여금 칼을 내려놓고 붓을 들게 하는 것이었는데 제대로 적중한 셈이었다.

그리고 5월 15일, 드디어 처음으로 과거시험이 시행되었다. 광종이 직접 위봉루(威鳳樓)에 나와서 지켜보았고, 한림학사 쌍기가 지공거가 되어 진사과에 최섬 등 총 7명에게 급제를 주었다. 이후 부정기적이긴 하지만 되도록 매년 혹은 격년으로 과거시험은 시행되었다. 광종대의 시험결과만 한번 정리해보자.

시기	지공거	진사과	명경업	복업	의업
958년 5월	한림학사 쌍기	최섬(崔暹), 진긍(晉兢) 2명	3명	2명	—
960년 3월	〃	최광범(崔光範) 등 7명	1명	—	3명
961년 4월	〃	왕거(王擧) 등 7명	1명	—	—
964년 3월	한림학사 조익(趙翌)	김책(金策)	1명	1명	—
966년	한림학사 왕융(王融)	최거업(崔居業) 등 2명	—	—	—

972년	〃	양연(楊演), 유방헌(柳邦憲) 등 4명	—	—	—
973년 2월	〃	백사유(白思柔) 등 2명	—	—	—
974년 3월	〃	한인경(韓蘭卿) 등 2명	—	—	—

[표] 972년에는 김이(金柅)가 동지공거(同知貢擧)가 되어 시험을 공동주관하였지만, 동지공거 제도는 이해에 곧이어 폐지됨.

광종은 과거급제자들을 꽤나 아꼈던 모양이다. 964년 봄 3월에 광종이 천덕전에서 신하들과 연회를 열었을 때는 그때 새로 급제한 김책에게 첫 관직을 주고 의복을 하사하면서 연회에 참석하도록 하기도 했다.

그럼 이 당시 과거에 급제했던 인물들은 고려사회에서 얼마나 성공하였을까? 이를 조사해보면 과거제도가 고려사회에 어떠한 영향을 미쳤는지 알 수 있을 것이다. 추적이 가능한 몇 명만 추려서 한번 살펴보자.

최섬은 한림학사가 되어 왕융에 이어 성종 때의 과거시험을 주관하였는데 그의 밑에서 이유현, **곽원**(郭元) 등의 급제자를 배출하였다. 이중 곽원은 1029년 발해인의 후예인 대연림(大延琳, ?~1030)이 흥요국(興遼國)을 세웠을 때 그들을 도와 거란의 보주성을 공격하는 인물이다. 최섬은 또 **김심언**(金審言)을 가르쳤는데, 그의 뛰어남을 인정하여 아예 사위로 삼았다. 김심언 역시 성종 때 과거에 급제하여 누차 승진하게 되는데, 현종 때에는 내사시랑 평장사가 되어 서경유수로 나가기까지 했다.

유방헌(944~1009)은 전주(全州) 출신으로 성종은 물론 목종 때에 이르러서도 과거시험을 주관하였고, 간관(諫官)이 되어서도 "남을 비방하는 것은 내 취향이 아니오"라며 둥글게 사는 스타일이었는데 그덕분인지 현종의 쿠데타 때에도 살아남아 문하시랑 평장사까지 올랐다. 후대에 최자(崔滋, 1188~1260)는 『보한집』에서 그를 산문으로 두각을 나타낸 이로 평하기도 하였다.

백사유는 외교관으로 송나라에 파견되기도 했는데, 그 이후에는 최섬처럼 한림학사로서 **최항(崔沆), 이자림(李子琳)** 등을 선발하였다. 최항은 목종 말년에 현종을 국왕으로 옹립하는 일등공신이 되었으며, 이자림은 현종 초에 무신들의 쿠데타가 일어났을 때 계책을 내어 이를 제압하는 중요한 역할을 했다.

한인경은 성종 대에 시랑(侍郞, 정4품)이 되어 송나라에 사신으로 다녀왔고, 목종의 총애를 받던 부인의 뒤를 봐주다가 유배당하기도 했다. 나중에는 현종의 장인이 됨으로써 인생 역전을 맞이한다.

이 표에 직접 언급은 되어 있지 않지만, 경주(慶州) 출신의 **최량(崔亮)**도 있다. 성품이 좋고 글을 잘 썼다고 하는데, 광종 재임 중 언젠가 과거에 급제하여 공문박사(功文博士)로 임명되었다. 성종이 왕위에 오르기 전부터 친하게 지내면서 잘 보인 덕분에 나중에는 내사문하 평장사(정2품)까지 오르게 된다.

그리고 그 유명한 **서희(徐熙, 941~997)**도 광종 때에 18세의 나이로 과거에 합격하였다. 그는 내의령(종1품) 서필(徐弼)의 아들인데, 성품은 엄격하며 조심스럽다는 평이었다. 잘 알려져 있다시피 성종 대에 거란의 대군이 고려를 침공해왔을 때 소위 세 치 혀로 물리쳤다는 외교

게의 전설과도 같은 인물이다. 이후 평장사가 되어 여진족을 몰아내고 강동 6주를 건설하는 막중한 임무를 수행하였다. 이때 그의 선견지명은 이후 거란이 재침하였을 때 빛을 발하게 된다. 최종적으로는 태보(정1품) 내사령(종1품)까지 승진하였다.

그는 외교관으로도 명성을 떨쳤는데, 972년 가을 8월 3일에 송나라에 사신으로 파견되었었다. 이때 송 태조는 정사인 그와 부사인 내봉경(內奉卿) 최업(崔業), 판관인 광평시랑(廣評侍郎) 강례(康禮), 녹사인 광평원외랑(廣評員外郎) 유은(劉隱) 등의 사신단에게 관직을 주고 후하게 대접하여 돌려보냈다. 당시 고려가 송나라에 사신 파견을 안 한 지가 10여 년이 된 터에 서희가 와서 외교관으로서 임무를 완벽하게 수행하자 송 태조가 가상히 여겼다고 한다.

이처럼 대략적으로 보면 과거 합격자들은 대개 외교관의 역할을 맡거나 본인들도 다시 과거시험의 주관자가 되어 인재양성에 매진하거나 혹은 조정의 중앙에서 관직을 수행했던 것으로 나타난다. 또한 일부는 국왕의 공신으로 지명되기도 한다. 결국 과거제도를 통해 선발된 인재들은 고려사회에서 제 몫을 하며 분명한 기여를 했음을 알 수 있다.

뿐만 아니라 이보다 조금 나중이긴 하지만 외국 유학을 떠나는 경우도 점차 활발해져 갔다. 광종 말쯤 되는 976년보다 이전에 외국인 자격으로 송나라에 와서 국학(國學)에서 공부하고 있던 고려 신주(信州) 영녕(永寧) 출신의 **강전**(康戩)은 977년에 외국인 대상의 빈공과(賓貢科)로 진사(進士)에 합격하여 대리평사(大理評事)가 되었고 송나라에 남아서 벼슬을 하다가 죽었다. 또한 경종 초인 976년에 송나라에 유학 와서 국자감(國子監)에 입학한 **김행성**(金行成)은 1년 만인 977년에 과거에 급제하였는데, 귀국하지 않고 그곳에 남아서 관직 생활을 하다가 죽었다고 한다. 그리고 성종 때인 986년에는 **최한**(崔罕), **왕림**(王琳) 두 명을 송나라에 보내 국자감(國子監)에 입학시켰고, 이들은 992년에 빈공과에 급제하여 송나라에서 비서랑(秘書郎)을 받고 고려로 귀국하였다.

이처럼 광종이 처음 뿌린 씨앗은 고려사회에 깊고도 넓게 퍼져나갔다. 이는 곧 그의 의도대로 고려사회가 무(武)에서 문(文)으로 옮겨가는 시발점이 되었다.

관료제 실시

960년 봄 3월, 고려는 관리들의 공식 복장을 규정하였다. 사실 4년 전인 956년 초에 쌍기를 대동했던 후주의 설문우를 통해 처음 중국 관리들의 복식을 수입하긴 하였으나, 정확히는 4년간의 준비 기간을 거쳐 이때를 기점으로 하여 고려의 현실에 맞게 규정을 확정하여 본격적으로 보급하였던 것으로 보인다. 고로 중국의 복식을 고려식으로 흡수하여 자체적인 제도로 완벽하게 정착시키는 것은 960년의 일로 이해함이 정확하겠다.

간단히 소개하자면, 원윤(정6품) 이상은 자주색(紫衫), 그 아래는 관직에 따라 붉은색(丹衫), 주홍색(緋衫), 맨 아래는 푸른색(綠衫) 옷을 입는 것으로 정하였다. 관직과 상관없이 품계가 높은 인물들에게는 최상위 복장을 줌으로써 한편으로는 호족 우대책처럼 보일 수도 있는 이때의 정책은 사실 알고 보면 호족들을 체제 내로 끌어들이기 위한 목적이 강했다. 관리들의 복장을 등급과 관직에 따라 정하였다는 말은 과거와 같은 호족들이 제각기 자율적으로 행동할 수 있는 자유방임의 방식에서 이제 국가적인 체제 내에서 독자적으로 행동하던 호족들을 대상으로 체계적인 관리가 들어간다는 것을 의미했다. 다만 호족들의 유인책으로서 자주색 복장이라는 구분되는 우대조치만 더하였을 뿐이다. 광종은 호족들의 힘을 꺾을 수만 있다면 무엇이든지 했다.

이상과 같이 외국 인재의 등용부터 고려식 관료제도의 도입까지 일사천리로 추진해온 광종의 고려 개혁 정책은 점차 안정권에 접어들고 있었다. 이제는 그가 진정 추구하고자 하였던 종착점에 다가가고 있었다.

제국으로 가는 길

960년 같은 무렵에 개경을 고쳐 황도(皇都)라 하고, 서경을 서도(西都)로 삼았다. 광종은 고려를 왕국이 아닌 제국으로 만들고자 하는 꿈을 가졌다. 아마도 이때 광종은 '준풍(峻豐)'이라는 연호를 사용하기 시작하였던 것 같다. "높고도 가득하다"라는 뜻의 독자적 연호였다. 준풍이란 연호는 앞서 '광덕'을 제정하였을 때와는 달랐다. 대내외적인 반대에 직면해 접어야 했던 초창기와 달리

이번의 준풍은 전국적으로 사용되었던 것이 각종 금석문으로 증명된다.

— 경기도 안성시 봉업사(奉業寺) 터의 기와 : 준풍 4년(963) 또는 임술년(962)
— 강원도 원주시 거돈사(居頓寺) 터의 원공국사(圓空國師) 지종(智宗)의 비 : 준풍 2년(961년)
— 전라남도 영암군인 고미현(古彌縣) 서원(西院)의 범종 : 준풍 4년 계해년(963) 9월 18일
— 충청북도 청주시 용두사(龍頭寺) 터의 철제 당간(幢竿) : 준풍 3년 임술년(962) 2월 29일

 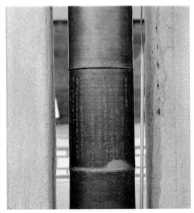

용두사지 철당간 문화재청   **용두사지 철당간(부분)** 문화재청

이 준풍이란 연호는 963년 겨울 12월까지 사용하다가 송나라의

인호로 다시 한 번 바꾸게 되는데, 어쨌든 이 당시 광종은 어느덧 때가 되었다고 생각했는지 한 차례 광덕이라는 연호를 제정했다가 포기하였던 아픔을 이 기회에 만회하였다. 그는 그렇게 스스로 고려 제국의 황제가 되었다.

그는 태양의 제국을 꿈꾸었다. 그의 사후에 주어진 묘호인 광종(光宗)은 빛의 군주라는 뜻이고, 그가 처음 도입했던 연호는 광덕(光德)으로 역시 빛과 관련이 있다. 본명인 왕소의 소(昭)도 밝게 빛난다는 뜻인데, 또 여기에 자신의 자(字)는 일화(日華)라고 지었다. 이 역시 태양이 빛난다는 뜻이다. 그의 모든 생각은 고려를 태양의 제국으로 만들겠다는 원대한 계획에 맞닿아 있었다.

마치 프랑스의 루이 14세(Louis—Dieudonné, 1638~1715)가 태양왕(Le Roi Soleil)으로 불리며 왕권신수설에 기반을 두어 중앙집권화를 추진함으로써 유럽 내에서 절대군주의 상징적 인물이 되었던 사례를 보듯이 말이다. 시대는 뒤바뀌었지만 어쨌든, 짐이 곧 국가라는 말을 남겼다고 알려진 바로 그 태양왕의 모습은 고려의 광종이 따르고자 하였던 이상적인 모델이었을 것이다.

그는 국왕의 절대권력 하나로 집중되고 여타 호족들의 독자적 행동은 제한하는 일사불란한 국가의 모습을 추구하였다. 그에게 필요한 교본은 『정관정요』가 아니라 법가에서 집대성한 제왕학의 교본인 『한비자』였다. 아마도 분명 그는 이 책을 읽었을 것이다. 『정관정요』를 아는데 『한비자』를 몰랐을 리는 없기 때문이다.

『한비자』는 중국 고대 약육강식의 전국시대를 살았던 한비(韓非, ?~B.C.233)가 쓴 글들을 모은 책이다. 당시의 중국은 수많은 나라가 명멸하는, 말 그대로 치열한 경쟁을 거듭하면서 먹고 먹히고, 또 한 국가 안에서도 군주와 신하가 서로를 믿지 못해 배신하며 혁명을 일으키는 것이 다반사였던 혼란의 정점을 맞고 있었다. 그 때문에 수많은 사상가가 이런 혼란을 종식하고 평화를 정착시킬 방안들을 끊임없이 고민하고 강구했는데, 대표적으로 유가, 도가, 묵가, 법가들이 그래서 탄생했다. 이들을 통칭해서 보통 제자백가라고 한다.

한비는 전국시대 말기에 소국인 한나라의 귀족 집안에서 태어났는데, 당시의 혼란스러운 사회 모습을 지켜보면서 이 세상에 안정을 가져올 방법은 무엇인지를 찾기 위해 그는 스스로 다방면으로 깊이 있는 공부를 했다. 치열한 고민 끝에 그가 내린 결론은 법가 사상의 집대성이었다. 모든 군주가 항상 성군이라는 보장이 없으므로 평범한 군주도 세상을 안정되게 다스릴 수 있는 시스템, 즉 법에 따른 통치를 주장한 것이다. 여기에 더해 모든 사람은 기본적으로 이기적이라는 생각을 바탕에 두고, 군주의 안정된 통치를 방해하는 모든 존재들, 예컨대 대표적으로는 신하들부터 군주의 가족에 이르기까지 모든 이들을 통제하고 관리할 수 있는 기술과 권세를 이론적으로 보완함으로써 한비는 법가 사상을 완성한 위대한 인물로 자리매김할 수 있었다. 그의 통치에 관한 주장은 이후 진나라에 의해 채택되어 진시황제가 중국을 통일하는 사상적 기반이 되었다.

광종은 이러한 배경지식을 분명 가지고 있었던 것 같다. 왜냐하면 그가 행한 모든 행동은 『한비자』의 법, 술, 세의 세 가지 핵심 관념을 충실히 지키고 있기 때문이다.

먼저 법(法)은 오늘날의 법규뿐만이 아니라 고대에는 규칙이나 명령에 해당하는 포괄적인 의미가 있있다. 곧 법령이나는 공식화된 시스템에 기반을 둔 공적인 국가 운영을 지칭한다. 군주가 계속 바뀌더라도 국가의 시스템은 남기 때문에 국내의 질서와 평화가 영속적으로 보장되는 효과를 추구하는 법가의 가장 기본이 되는 사상이다. 오늘날로 치면 성문법의 체계를 만들어낸 것이라고 보아도 크게 무방할 것이다. 광종의 노비안검법이나 과거제가 이에 해당할 듯하다.

술(術)은 신하들을 제어하는 통치기술을 말한다. 기본적으로 법가는 성악설에 근거해 신하들을 군주의 잠재적인 적으로 상정하고 있다. 이 때문에 신하들을 적절히 제압하고 통제하고 관리함으로써 이들의 이익을 탐하고자 하는 본성을 억누르고 잘못된 길로 벗어나지 못하도록 막는 군주의 정교한 기술이 필요하다고 법가에서는 주장했다. 광종은 국왕으로서의 명령과 이에 대한 신하의 절대적인 복종을 요구하였고 그의 뜻대로 결국 관철했다. 더욱이 광종이 아내와 심지어 자식마저도 결코 신뢰하지 않았던 것은 법가에서 그토록 주장하였던 내용 그대로였다.

그리고 세(勢)는 술과 연관되어서 군주의 강력한 권세가 밑바탕이 되어야 한다는 주장이다. 힘을 가지지 못한 군주는 신하들에게 업신여김을 당하고 쉽게 타도될 수 있는 허약한 존재에 불과하다. 따라서 강력한 권세를 갖추어야지만 신하들을 제압할 수 있다는 논리이다. 군주는 모름지기 군사력, 경제권, 인사권, 정보 등 모든 형태의 권력을 동원하여 신하들과 측근의 자기 이익 추구를 막아내어야 함을 법가에서는 강력히 주장하였다. 광종의 군사력 확보와 공포정치의 시행은 이에 기반을 둔 것이다.

특히 국가 내 귀족집단의 독자 세력화에 대한 한비의 우려를 한번 직접 들어보자.

나라는 다스리려는 군주는 파벌을 만들지 못하게 해야 한다. (중략) 군주가 나라를 잘 다스리려면 반드시 파벌을 일소해야 한다. 파벌을 없애지 못한다면 그들은 끊임없이 세력을 모을 것이다.

그러면서 그런 패거리들은 과감히 공격해서 반드시 해산시켜야 한다고 조언한다. 국가 내의 신하들이 파벌을 조성하여 국가의 이익과 반하는 방향으로 조직 이기주의를 추구하지 못하도록 어떻게든 막아내지 않으면 군주 자신은 물론 국가마저도 생존이 위협받을 수밖에 없다는 냉철한 현실을 지적한 것이다. 실제로 광종은 한비의 주장대로 행동에 옮겼다.

즉 광종은 『정관정요』에서와 같은 유학자들이 숭앙하는 성군의 모습보다는 『한비자』에서 주창했던 냉철한 법가적 군주에 훨씬 가까웠다. 그의 모든 행동은 군주에게 권력이 집중되어야 한다는 논리를 충실하게 따르고 있다. 그는 아마도 마키아벨리가 보았다면 크게 만족해했을 『군주론』의 모범적인 군주가 되었을 것이 분명하다.

마키아벨리는 『군주론』의 첫머리에서 이 세상에 국가의 통치체제는 공화국 아니면 군주국 두 종류라고 하면서 그중에서 군주국은 세습 군주국과 신생 군주국으로 분류했다. 그는 세습 군주국은 이미 백성들이 군주 가문의 통치에 익숙해져 있는 상태여서 오랜 관습을 깨트리지만 않는다면 통치에 어려움이 거의 없을 것이지만, 그에 반해 신생 군주국은 아직 권위와 질서가 완전히 자리 잡힌 상태가 아니므로 대내외로부터의 수많은 도전과 저항을 받기 마련인 취약한 상황에 있을 수밖에 없음을 지적했다. 이러한 신생 군주국의 상황은 정확히 고려의 초창기와 닮았다. 광종은 태조로부터 왕국을 세습받은 것이긴 하였지만, 아직 국내의 정치 구도는 신생 군주국의 그것과 크게 다르지 않았다.

마키아벨리의 통찰력 있는 생각을 들어보자.

> 귀족들의 도움으로 군주가 된 사람은 그 권력을 유지하는 것이 훨씬 더 어려울 수밖에 없다. 자신과 대등하다고 생각하는 귀족들에게 둘러싸여 있으면서 군주가 원하는 대로 통치하기란 쉬운 일이 아니기 때문이다. (중략) 귀족들이 군주에게 적대적일 경우 단순히 그들로부터 버림받는 것 외에 아예 귀족들이 연합하여 군주에게 대항할 수 있다는 점을 반드시 유의해야 한다. 귀족들은 다양한 경우의 수를 계산할 줄 알고 또 기본적으로 교활하므로 승자가 될 확률이 높은 다른 인물을 지지함으로써 자신들의 기득권을 지키려 할 것이다.

그러면서 그는 귀족들은 조심해서 활용하거나 아니면 확실히 견제해야 하지만 백성들은 지지기반으로 삼는 편이 유리하다고 논증한다. 바로 군주의 가장 큰 적은 신하들이었고 아군으로 삼아야 할 세력은 곧 백성들이었다. 그리고 목적한 바를 이루기 위해서는 얼마든지 "군주는 악행을 저질러야 하는 상황에서는 최대한 사람들이 그 사실을 알아채지 못하도록 하고 훌륭한 덕성으로 위장해야 한다"고 했는데, 이것이 광종이 가장 크게 신경 쓰고 있었던 부분이며 실제로 그는 이러한 노련미를 성공적으로 발휘해냈다.

다음 마키아벨리의 말을 추가로 보면 광종이 얼마나 그의 조언대로 잘 따랐는지를 알 수가 있다.

군주는 자신의 백성들을 한데 모으고 충성을 바치도록 만들 수만 있다면 잔혹하다는 비난에 대해 걱정할 필요는 전혀 없다. (중략) 과도한 인자함은 모든 사람에게 해를 끼치지만, 군주의 가혹한 조치는 특정인들에게만 해를 끼칠 것이다. 신생 군주국은 위험으로 가득 차 있으므로 다른 어떤 경우보다 신생국의 군주가 잔인하다는 평판을 듣는 것은 불가피한 일이다.

마키아벨리는 유능한 신생 군주의 사례로 체사레 보르자(Cesare Borgia, 1475~1507)를 들었다. 그는 신생 군주로 시작하여 전형적인 여우이자 동시에 사자로 행동했던 인물로, 권세의 핵심이 되는 군사력을 극대화하고자 노력했고 필요하다면 과감히 자신의 신하도 처단하고 철저하게 신하들을 통제하면서 한때 이탈리아 중부를 통일하는 데 성공하기까지 했다. 그의 탁월한 정치력에 감화받은 마키아벨리는 그래서 그를 이탈리아를 비춘 한 줄기 빛으로 평가하기까지 했다.

끝으로 마키아벨리의 명언을 들어보자. 그는 "신중한 행동보다 과감한 행동이 더 낫다"고 말했다. 운명의 여신이란 젊고 과감한 남자에게 매혹되기 마련이기에 대담하고 과감성 있게 움직이라는 것이다. 광종은 르네상스 시대의 외교관 출신 사상가의 이 주장을 들어볼 수는 없었지만, 정확히 그가 말한 대로 행동했다.

이 당시 광종에게 남은 일은 자신의 궁극적인 목표에 동조하지 않는 자들을 제압하는 것이었다.

공포정치 그리고 개혁

평농서사(評農書史) 권신(權信)이 대상(정4품) 준홍(俊弘)과 좌승(종3품) 왕동(王同) 등이 반역을 계획하고 있다고 폭로했다. 광종의 정적들은 이를 근거 없는 참소로 치부했지만 아마 실제로 근거가 있었던 일이 아니었을까 싶다. 광종은 이에 대해 이들을 관직에서 내쫓는 것으로 대응했다.

여기서 평농서사란 직책은 의미는 정확하진 않지만 얼마 후의 사농경(司農卿)처럼 국가의 농업 생산을 관장하는 부서의 직책으로 여겨진다. 나중에 다시 살펴보겠지만 광종은 집권 초부터 재임 말기까지 일관되게 토지제도의 개혁을 위해 노력을 하는데, 만약 그렇다면 권신은 그런 광종의 최측근이었을 수 있다. 이는 곧 광종의 뜻에 따라 공포정치가 시작되었음을 짐작케 해준다.

이 이후의 일들에 대해서 고려의 공식기록들은 모두 다음과 같이 부정적으로 묘사하고 있다.

이로부터 참소하고 아첨하는 이들이 세력을 얻어 충성스럽고 선량한 사람을 모함하였다. 노비가 그 주인을 고소하고 자식이 그 아비를 참소하니, 감옥이 늘 넘쳐나 별도로 임시 감옥을 두어야 했을 정도였다. 죄 없이 죽임을 당하는 자가 계속 생겼다. 광종의 시기가 날로 심해져 왕실 내에서도 목숨의 위협을 받는 지경이었다. 심지어 자신의 외아들 왕주까지도 의심을 해서 광종은 가까이하지 않았다. 사람들이 서로 두려워하여 함부로 대화를 나누지도 못했다고 한다.

하지만 이것이 과연 근거 없는 밀고였을까 하는 의심이 강하게 들수밖에 없다. 왜냐하면 광종은 이때부터 신변의 위협을 느껴 주위의 경비를 강화했고, 또한 궁성의 안전을 신뢰하지 못해 처소를 옮기고 본격적으로 황성(皇城) 건설에 들어가기 때문이다. 아마도 그에대한 암살 시도나 반역의 움직임이 실제로 있었던 것으로 보는 편이타당할 것이다. 광종은 자신에게 가해지는 압박을 역이용해서 왕권 강화의 계기로 삼기로 했다.

참고로 이때의 감옥의 모습을 알려면 이보다 후대인 1123년에 고려를 방문했던 서긍(徐兢, 1091~1153)의 『고려도경』이라는 책을 참고할수밖에 없다. 이 책에 따르면 황성의 동남향에 있는 동쪽 출입구인 광화문 바깥쪽에 감옥이 있었던 것 같다. 광화문 바로 오른쪽으로나 있는 관청 거리의 아래쪽이 바로 형부(刑部, 법무부)가 있던 곳이고여기와 마주해서 감옥이 있었다고 한다. 감옥의 담장은 높고 튼튼하게 지어졌으며 반지처럼 원형의 형태를 띠고 있었다. 그리고 그 가운데에 건물이 있는 구조였다. 아마도 18세기 영국의 제러미 벤담(Jeremy Bentham, 1748~1832)이 제안했다는 원형감옥, 즉 파놉티콘(Panopti-con)과 비슷한 형태였을 것이다.

이것이 바로 공포정치의 시작이었다. 마키아벨리는 『군주론』에서 이렇게 말했다. "군주는 사랑받기보다는 두려움의 대상이 되는 편이 낫다." 광종은 군주론에 나오는 바로 그 군주가 되기로 한 것이었다.

그의 숙청의 대상이 된 이들은 한둘이 아니었다. 당장 혜종의 아들 흥화궁군과 정종의 아들 경춘원군이 제거되었다. 아마도 무슨 이유에서였든지 잠재적으로 왕권에 위협이 되는 존재들은 이미 제거의 대상이 되어 있었다.

그리고 효은태자(孝隱太子)는 태조 때의 장군인 유금필(庾黔弼)의 딸인 태조의 제9비 동양원부인(東陽院夫人)이 낳은 아들인데, 그 역시 이때 이후 언젠가 광종에게 죽임을 당했다. 성품이 험하고 어그러진 데다 고만고만한 이들과 사귀면서 반역할 뜻을 몰래 품었다는 것이 그 사유였다. 아마도 숙청 후 묘사된 것은 편향된 평가일 테고, 실제로는 외할아버지와 같은 무인의 기상을 타고난 야심 찬 인물이었을지도 모르겠다. 만약 그렇다면 호족의 득세를 체질적으로 싫어했던 광종과 기질 면에서 충돌을 일으켰을 수도 있고 그 때문에 결국 제거되었을 것으로 보인다.

그나마 그의 아들 왕림(王琳)과 왕정(王禎)은 너무 어리다는 이유로 당시 피도 눈물도 보이지 않던 광종에게서 용서를 받아 겨우 죽임을 면할 수 있었는데, 도망쳐 민가에 숨어 살면서 일반 백성들 사이에서 근근이 입에 풀칠이나 겨우 할 수 있었다고 한다. 이때로부터 약 50년 후인 1009년에 강조(康兆, ?~1010)가 쿠데타를 통해 정권을 잡게 되면서 현종에게 요청하여 그들에게 작위와 함께 노비와 토지를 주고 왕실에 다시 등록시키도록 하였다. 이들의 고향은 황해도 평주(平州)였고, 강조도 그리 멀지 않은 황해도 신주(信州)가 고향이어서 어쩌면 성장 과정에서 알고 지낸 사이가 아니었을까 싶기도 하다. 어쨌든 아마도 권력자 강조의 눈에도 이들의 처지가 딱해 보일 정도였던 모양이다.

심지어 나중에는 사유는 조금 의문이지만 어쨌거나 광종이 자신의 외아들 왕주까지도 의심을 했다고 하는 것을 보면 아마도 그는 모종의 사건 때문에 처가까지도 경계하고 견제하였던 모양이다.

그런데 광종에게는 왕주 말고도 대목왕후와의 사이에서 나온 효화태자(孝和太子)라는 아들이 하나 더 있었다. 그런데도 왕주가 광종의 치세 말기에는 외아들이라고 칭해지는 것을 보아 이는 곧 그 전에 효화태자가 어린 나이에 요절하였음을 말해준다. 왕주가 장자였으니 955년 이후에 태어난 효화태자는 970년대 전반에는 이미 사망하였을 것이고, 그럼 잘해야 10대 중반 정도의 나이가 아니었을까 싶다.

뿐만 아니라 태조 대에 이미 고려의 중신이 된 최언위의 둘째 아들 최행귀(崔行歸)도 오월국(吳越國)에 갔는데, 그곳의 왕이 비서랑(秘書郎)에 제수하였다. 뒤에 본국으로 돌아와서 광종을 섬겨 총애받는 신하가 되었으나, 역시 연좌되어 죽임을 당하였다.

광종은 공신이라고 해도 예외가 없었다. 아니 오히려 그에게는 공신들일수록 더 제거의 대상이 되었을 것이다.

964년 가을 8월 9일에 대광(정2품) 박수경이 죽었는데, 그전에 그의 아들들, 즉 좌승(종3품) 박승위(朴承位), 좌승(종3품) 박승경(朴承景), 대상(정4품) 박승례(朴承禮) 등이 차례로 밀고로 하옥됐기 때문에 그가 죽자 사람들은 한 마디로 '얼받아서' 죽은 섯이나고를 했다. 이는 성확히는 박수경이 타깃이었는데 우회적으로 아들들부터 차례로 꺾어나감으로써 압박을 가했던 것으로 보인다.

그의 죽음은 사실 예고된 것이기도 했다. 광종의 반호족 정책은 이미 대놓고 추진되고 있었고, 그 중에 대표적인 인물은 다름 아닌 박수경이었기 때뮤이다. 다만 광종도 박수경을 직접 타깃으로 하기엔 부담이 되었던지 아들들을 차례차례 무너뜨렸고 그렇게 우회적으로 박수경의 숨통을 쥔 것이었다. 왕식렴과 함께 왕요, 왕소 두 형제를 도와서 정종의 즉위를 이루었던 공적이 있고 또 광종 즉위 시에도 중임을 맡았지만, 그는 그렇게 결국 광종의 호족억압책에 희생되고 말았다. 광종에게 공신이란 고마운 이가 아니라 부담스러운 존재에 불과했다.

그의 형 박수문은 어떻게 되었는지 알 수 없지만, 나이가 많기도 했고 별다른 기록이 없는 것을 보면 이 일이 있기 전에 먼저 세상을 떠난 것이 아닐까 싶다. 박수경의 아들들은 이후 아무런 소식이 전해지지 않는데, 다만 후손인 박인량(朴寅亮, ?~1096)이 여전히 고려 정계에서 활동하는 것으로 보아 박수경 사후 이들은 어찌어찌해서 결국엔 살아남은 것으로 보인다. 박인량은 참고로 『삼국유사』 등에 일부 발췌하여 전해지고 있는, 즉 지금은 전해지지 않는 『수이전(殊異傳)』의 저자로 알려져 있기도 하다. 무장이었던 박수경과 달리 그는 문장가로 이름을 날렸다.

그러는 한편으로 광종은 국방 강화에도 힘을 썼다.

960년 습홀(濕忽)에 성을 쌓고 가주(嘉州)로 승격시켰고, 또 송성(松城)에 성을 쌓고 척주(拓州)로 승격시켰다. 이 두 곳의 위치는 거란의 동경(東京)과 고려 안북부(安北府) 사이의 수백 리 땅 안에 있었다. 이 넓은 지역은 여진족이 살던 곳으로 여기에 성을 쌓은 것이었다.

이때로부터 33년 후인 993년 거란이 침공해왔을 때 서희는 이 두 곳을 언급한 적이 있다.

"지금 거란이 왔으니, 그 뜻은 이 두 성을 차지하려는 것에 불과한데, 그들이 고구려의 옛 땅을 차지하겠다고 떠벌리는 것은 실제로 우리를 두려워하는 것입니다. 지금 그들의 군세가 강성한 것만을 보고 급히 서경 이북 땅을 떼어 그들에게 주는 것은 나쁜 계책입니다."

아마도 광종은 거란과의 접경지역의 방비를 강화하여 미래에 혹 있을지 모를 불상사를 미연에 준비하려고 하였던 것 같다. 그의 이러한 예측은 날카롭게 들어맞은 셈이다.

그런데 한편으로 생각해보면, 그는 단순히 국경 수비를 위해서만 축성을 추진하였던 것일까? 혹 그 이면에는 국가의 명칭 그대로 '고구려'의 이름을 잇고자 하는 북진정책에 대한 준비가 병행되었던 것은 아니었을까? 그의 관심 지역이 모두 북방에 집중되어 있다는 점에서 고려 초 북진정책에 대한 일말의 가능성이 읽혀지기는 하나, 이를 입증해줄 만한 직접적인 증거는 현재로서는 발견하기 어렵다.

참고로 광종 때에 축성한 곳들을 나열하면 다음과 같다. 한번 축성한 곳을 수리하거나 개축한 곳들도 일부 포함되어 있다.

시기	위치	현재 위치
950년	장청진(長靑鎭), 위화진(威化鎭)	평안북도
951년	무주(撫州)	평안북도
952년	안삭진(安朔鎭)	평안북도
960년	습홀(濕忽, 가주嘉州로 승격), 송성(松城, 척주拓州로 승격)	평안북도
967년	낙릉군(樂陵郡)	평안북도
968년	위화진(威化鎭)	평안북도
969년	장평진(長平鎭), 영삭진(寧朔鎭), 태주(泰州)	함경남도, 평안북도
970년	안삭진(安朔鎭)	평안북도
972년	운주(雲州)	평안북도
973년	화주(和州), 장평진(長平鎭), 박평진(博平鎭), 고주(高州), 그리고 신도성(信都城) 수리	함경남도, 평안북도
974년	안융진(安戎鎭)	평안남도

나아가 광종은 국왕의 권위를 높이는 일에도 매진했다.

961년에 수영궁궐도감(修營宮闕都監)을 설치하고 궁궐의 수리를 시작하여, 광종은 정광(종2품) 왕육(王育)의 집으로 거처를 옮겼다. 왕육은 후백제에 인질로 갔다가 죽어서 돌아온 왕신(王信, ?~926)의 동생인데, 그도 태조의 사촌 동생이니 광종과는 멀지 않은 사이였다.

이때부터 광종은 본격적으로 비판받게 되는데, 그 이유는 태조가 몸소 근검절약하여 궁궐을 소박하게 짓고 불필요한 씀씀이를 줄였던 것에 비해 광종은 대대적으로 궁궐을 증축하면서 장식들도 새로 만들게 함으로써 한 해 동안의 지출이 태조 대의 10년치 비용과 맞먹을 정도였다고 한다.

하지만 그가 목표로 하였던 것은 단순한 낭비가 아니었다. 그는 이제 고려도 왕국이 아닌 제국에 걸맞는 위용을 갖출 필요가 있다고 판단했다. 그럼으로써 신하들과 국왕의 물리적인 차이를 외양으로도 보여줄 필요가 있다고 생각하였던 것 같다.

963년 여름 6월, 광종은 궁궐로 돌아와 다음과 같이 발표하였다.

> 짐이 근래에 궁궐의 중수(重修)를 위해 오랫동안 이궁(離宮)에 거처하면서, 경비에 신경 쓰고 일처리도 예전과 다르게 하면서 관리들의 보고를 직접 듣지 못한 적이 많았소. 이로 인해 여러분들이 마음속에 혹 의심을 품는 것이 아닌지 우려하여, 이 걱정을 항시 잊을 수가 없었소. 이제 궁궐 수리가 끝났고 정사를 처리할 장소도 생겼으므로, 여러분들은 각자 자기 일을 열심히 하고 이전처럼 지체없이 보고를 하도록 하시오. 군주와 신하의 사이가 마치 물과 물고기의 관계처럼 되어 멀어지는 일이 없기를 바라오.

아직 논란의 여지는 있지만, 광종은 궁성 내 궁궐의 수리만 하였던 것이 아니라 황성(皇城), 즉 황제의 성을 쌓는 일도 이때 같이 추진하였던 것으로 보인다.

개경의 성은 최종적으로는 궁전을 둘러싸고 있는 궁성부터 황성, 내성, 나성의 네 겹으로 이루어져 있다. 그러나 나성은 제8대 현종 때인 1029년에 완공되니 이때는 없었고, 또한 내성은 조선 시대에 쌓은 것이니 광종 대에는 볼 수 없었다. 곧 황성과 궁성만이 이 당시의 개경에 존재하던 성이었던 셈이다. 오늘날 볼 수 있는 만월대는 현종이 회경전을 지은 터로 광종 내에는 역시 없었던 곳이다.

이 황성은 고려가 세워지기 전 태조의 아버지 왕륭(王隆)과 궁예가 연합했을 때 지어진 발어참성(勃禦塹城)에 기원하는데, 이견은 있지만 북한학자인 전룡철의 의견을 따르자면 황성은 발어참성의 하단부를 이용하여 완성된 것으로 보고 있다.

발어참성은 총 둘레 8.2㎞이고, 그중 황성은 절반 정도인 4.7㎞를 차지한다. 그 안의 궁성은 둘레 약 2.17㎞이다. 황성의 넓이는 125만 ㎡, 궁성은 25만㎡로 궁성이 황성의 약 1/5 규모였다. 이 개경의 성들은 오랜 시간이 지나면서 잦은 외침과 내란으로 인해 많이 무너져내렸고, 오늘날 볼 수 있는 완성된 형태의 궁전은 안타깝게도 없다.

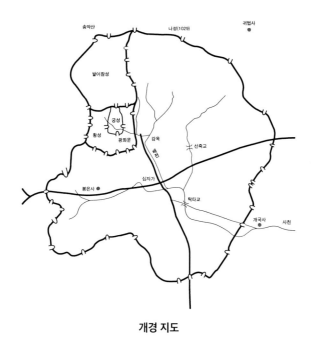

개경 지도

이 중 광종이 공사를 한 구역은 황성의 성곽과 궁성 내의 궁전들이었던 것으로 생각된다. 궁전은 태조 때에 이미 정전인 천덕전(후의 건덕전), 편전인 중광전, 상정전(후의 선정전), 다용도로 사용된 장생전(장령전), 침전인 신덕전(만령전), 태자 정윤이 머무르는 동궁(후의 수춘전) 등이 존재했다. 그럼 광종이 한 일은 무엇이었을까?

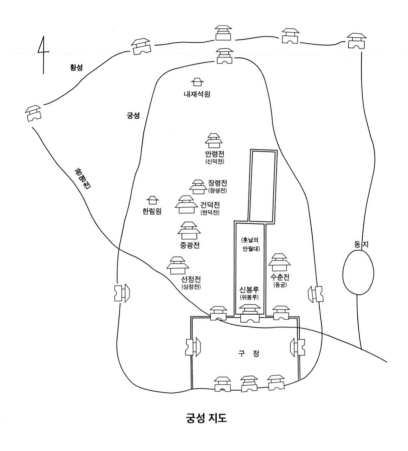

궁성 지도

이때의 상황을 직접 목격했던 최승로는 다음과 같이 태조와 광종의 궁궐을 비교해서 묘사하였다. 즉 태조는 오랜 내진으로 인해 피폐해진 백성들의 경제 상황을 고려하여 토목공사에 많은 공력을 들이지 않았음을 적시하며 광종은 그와 반대의 길을 갔다는 뜻이었다.

> (태조는) 궁실(宮室)을 낮추어 비바람만을 겨우 가리고자 하였으며, 거친 옷을 입어 다만 추위와 더위만을 막을 뿐이었습니다

> (광종은) 궁실은 반드시 제도(制度)를 넘어서게 하고, 의복과 음식은 귀하고 맛있는 것으로 하였습니다. 토목공사는 시기를 가리지 않았고, 정교하게 만드느라 쉬는 날이 없었습니다. 대략 평소 한 해의 경비를 계산해보면 충분히 태조의 10년간 비용에 육박할 정도였습니다.

사실 최승로는 내심 국왕은 호족 중의 으뜸일 뿐 호족들보다 저 멀리 위에 위치하는 존재로는 인정하지 않는다는 사실을 말하고 싶었을 것이다. 그러하기에 태조의 왕실에서의 근검절약은 우호적으로 평가하면서도 광종의 왕실 권위에 대한 강화 정책에 대해서는 마음 속 깊이 불편함을 느끼지 않을 수가 없었던 것이리라.

어쨌거나 광종 때에 신축한 건물명은 알려져 있지 않기 때문에 정확한 사정은 알 수 없지만, 그가 한 일은 아마도 이러한 국왕의 집무실과 처소들을 대폭 확장하고 정교하게 개축하였던 것이 아닌가 싶다. 광종은 두 가지를 역점에 두었을 것이다. 하나는 건축물들의 화려한 외양을 통해 국왕의 권위를 극대화하겠다는 것, 또 하나는 이

를 위해 호족들의 재원 혹은 인력을 동원함으로써 그들의 힘을 빼겠다는 것이 그것이다.

광종은 생명의 위협을 느꼈을 만큼 이때 호족들을 경계하고 있었다. 그가 할 수 있는 일은 타협하거나 극복하거나 둘 중 하나였다. 그는 타협보다는 정면대결을 선택했다. 기득권 세력에 대한 뿌리 깊은 반감을 그는 전방위적인 압박을 통해 해소해나갔다.

이에 대해 당시 상황을 목격했던 최승로의 의견을 한번 들어보자.

> 호위병사들은 태조 때에 다만 궁성의 수비만을 맡았을 뿐이어서 그 수가 많지 않았습니다. 하지만 광종이 참소를 믿어 장수와 재상을 벌주고 죽이기 시작하면서 스스로 의심이 생겨 지방에서 체격 좋은 자들을 선발하여 호위를 맡겼습니다. 그들은 궁궐 안에 거처하면서 궁궐 주방에서 식사하도록 하였으니, 당시 여론은 번잡하고 무익한 조처라는 평이었습니다.

이는 실제로 광종의 목숨을 위협하는 세력이 존재했음을 의미한다. 광종이 장수와 재상이라고 표현된 기득권층을 공격하자 이들은 자신들의 밥그릇을 지키기 위해 집단 반발에 나섰고 전방위적으로 광종을 압박하였던 것 같다. 광종 스스로가 호족들과 연합하여 정권을 창출해본 당사자였던 만큼 이들이 어떻게 나올지 뻔히 예상되었다. 자신의 목숨이 얼마나 위태로운지 잘 알고 있었던 것이다.

하지만 그는 모든 이들에게 항상 적대적이기만 하였던 것은 아니었다. 그는 자신이 할 일은 소외된 이들을 보살피는 것이라는 인식

올 가지고 있었다.

개혁의 파트너 불교

963년 가을 7월, 광종은 오늘날 나성에 해당하는 넓은 땅을 지나 개경의 동북쪽 지역에 귀법사(歸法寺)를 창건하고, 또 제위보(濟危寶)를 설치하였다. 어머니의 원당으로 완성한 불일사로 가는 길에 지어진 이곳은 그의 원당이 되었다. 그리고 제위보란 일종의 빈민구호를 목적으로 한 재단과 같은 것인데, 곡식을 모아두었다가 평상시 백성에게 대여해주고 그 이자를 구휼의 재원으로 삼는 방식이었다. 고구려에서 194년에 시행된 진대법(賑貸法)의 고려 버전이라고 보면 되겠다. 이때의 제위보는 귀법사 소속으로 설치된 것으로 보인다. 즉 귀법사는 광종이 대국민 복지정책을 편 첫 번째 사례가 된 것이다.

이 제위보에 대한 순암 안정복의 평을 한번 들어보자.

굶주린 자가 밥 먹여주기를 기다리고, 병든 자가 치료와 보살핌을 기다리는 것은 인지상정이다. 굶주려도 밥 먹여줄 사람이 없고, 병들어도 치료하고 보살펴줄 곳이 없다면 이는 곧 의탁할 데 없는 궁핍한 백성이다. 백성의 부모인 왕이 어찌 이들을 보호할 방법을 강구하지 않겠는가? 고려는 너그럽고 인자한 정치로 나라의 기조를 세웠기에 백성을 잘 보살피는 정치를 하기 위해 정성을 다하였다.

광종은 일찍이 제위보를 설치하였는데, 제위보는 백성을 구제하는 관청으로 지금의 진휼청(賑恤廳)과 같다. (중략) 이때 어진 군주가 잇따라 나타나서 국가에 참된 정사가 행해지고 백성은 알찬 혜택을 받았으니, 깊은 은혜와 후한 덕택이 민심에 깊이 파고들었다. 뒷날 국가가 혼란하고 병란이 어지럽게 일어났지만, 민심이 흐트러지지 않고 국가가 안정될 수 있었던 것은 백성을 보전하는 올바른 방법을 썼기 때문이다.

이처럼 광종의 제위보는 후대에 보기에도 고려의 첫 대국민 복지정책으로서 성공적으로 인식되었던 것 같다.

귀법사는 그 외에도 다양한 방면으로 광종의 복지정책을 펼치는 데 주축이 되었다. 이에 대해서는 동시대의 목격자인 최승로의 증언을 들어볼 수 있다. 다만 그는 반 광종의 선두에 섰던 학자였기에 개인적인 평가가 들어간 표현들은 가감해서 들을 필요가 있겠다.

어떤 때는 귀법사에서 무차회(無遮會)와 수륙회(水陸會)를 열기도 하셨습니다. 매번 부처에게 재를 올리는 날이 되면 반드시 걸식하는 승려들을 공양하셨고, 때로는 내도량(內道場)의 떡과 과일을 걸인들에게 내어주셨습니다. (중략) 더욱이 여러 신민(臣民)들이 모두 다 참회하도록 하여, 쌀과 잡곡, 땔나무와 숯, 건초와 콩을 메거나 지고서 수도와 지방의 길에서 거저 주게 한 것이 헤아릴 수 없습니다.

무차회는 승려, 속인, 남녀, 귀천의 차별 없이 다 같이 평등하게 잔치를 열고 물품을 나누어주는 법회였고, 수륙회는 바다와 육지에서 헤매는 영혼을 위로하면서 음식을 베푸는 재회였다. 즉 광종이 귀법사를 통해 하고자 하였던 바는 승려뿐만이 아니라 노비, 거지 등 계층을 가릴 것 없이 사회 하층민들에 대한 국가적 차원에서의 복지제도의 시행이었다. 아마도 이들 중에는 주인에게서 독립하였으나 아직 사회에 제대로 자리 잡지 못한 해방 노비들도 상당수였을 것이다.

광종은 호족 및 왕족, 귀족들에 대해서는 적대적인 태도로 일관하였지만, 백성들에 대해서만큼은 이처럼 온정을 베푸는 데에 아낌이 없었다. 그런 그의 정책은 고려사회의 보수층을 자극하는 일이었고, 그로 인해 광종 자신도 신변의 위협을 느끼지 않을 수 없었던 모양이다. 따라서 그가 '경비'하고자 하였던 것은 고려의 보수적인 기득권 집단인 호족 계층이었을 것이다.

이때 귀법사가 창건되었을 당시의 주지는 앞서 한 차례 언급한 바 있는 균여였다. 953년부터 광종과 직접 연을 맺은 그는 963년 귀법사에 처음 들어와 973년 세상을 떠날 때까지 이곳에서 머물면서 광종의 복지정책 파트너가 되어주었다. 균여가 923년생이고 광종이 925년생이니 나이 차이도 별로 나지 않아 말이 잘 통하였던 모양이다.

다만 이 둘의 관계는 완벽한 신뢰 관계는 아니었던 듯하다. 한번은 귀법사의 정수(正秀)라는 승려가 균여에 대한 어떤 내용으로 내부고발을 하여 한 차례 분란을 일으켰는데, 균여가 광종을 찾아가 땅에 엎드려 자신의 무죄를 주장하였고, 광종이 이를 수긍함으로써 사태는 무마되었지만, 어쨌든 이로 인해 광종과 균여 사이에는 미묘한 틈이 생겼다. 균여와 친밀한 관계였던 최행귀, 즉 최언위의 아들이 연좌되어 죽임을 당한 시기도 아마 이 이후 언젠가가 아닐까 싶다. 최행귀는 참고로 이 사건이 있기 바로 전해인 967년에 균여의 향가를 한문으로 번역하여 송나라에까지 알린 이였다.

그 향가란 「보현십원가」라는 것인데 균여는 이런 민중가요를 지어서 대중들에게 보급함으로써 불교를 널리 전파하는 데에 큰 역할을 하였다. 이 덕분에 그 역시 대중적인 명성을 얻을 수 있었다. 그는 중생과 부처는 별도로 나뉘는 것이 아니라 깨우침에 따라 누구나 부처가 될 수 있다는 주장을 펼침으로써 대중들의 불교에 대한 관심을 드높였다. 또한 불경을 해석하여 당시의 대중들이 쓰는 언어로 옮겨서 배포하는 데 적극적이었는데, 광종이 죽기 2년 전에 51세의 나이로 입적하였다.

광종은 968년에 균여 말고도 귀법사에 새로 탄문(坦文)을 들임으로써 사실상 균여를 견제하기 시작했다. 탄문은 광종이 태어나던 시점에 27세의 나이로 그의 출생을 기도하는 일을 맡기도 하면서 오랫동안 광종과 인연을 맺고 있었다. 광종 즉위 시 그의 나이는 50세였다. 그리고 귀법사에 거처하게 된 시점에 그는 69세가 되었다. 바로 이때, 즉 968년에 정종 때부터 왕사(王師)였던 혜거(惠居)를 국사(國師)로 올리고, 탄문을 왕사(王師)로 임명하였다. 그러면서 탄문은 귀법사에 머물게 된 것이었다. 974년에 국사 혜거(惠居)가 사망하자 광종은 탄문을 국사로 올렸다. 975년 3월에 탄문의 수명이 다했을 때 광종도 불과 2개월 후 마찬가지로 세상을 뜬다.

광종의 불교와의 협력관계는 이에 그치지 않는다. 970년 원공국사(圓空國師) 지종(智宗, 930~1018)이 송나라에서 귀국하자 광종은 금강선원(金剛禪院)에 머무르도록 하였다.

그는 조금 독특한 인물인데, 아마도 958년 과거제도가 처음 시행되었던 무렵에 29세의 나이에 승과에 급제하였던 듯하다. 그리고는 바로 다음 해인 959년에 30세가 되어 중국 오월국(吳越國)으로 유학을 떠난다. 지종의 비문에 따르면 그와 그의 동창생들은 모두 광종의 중국문화 도입정책에 부응하기 위해 유학길에 오른 것이라고 한다. 광종은 자신의 사회개혁에 필요한 인재들을 육성하고자 하였다. 지종은 그곳에서 10년간이나 머물다가 추측건대 광종과 모종의 교감을 통해 41세에 고려에 귀국하는데, 때마침 고려는 한창 강력하게 추진되던 개혁 드라이브가 마무리되어가던 시점이었고 더욱이 광종과 균여의 갈등으로 탄문이 고려 불교의 중심지가 되어 있던 귀법사를 주도하게 된 무렵이었다.

광종은 자신의 개혁을 마무리 짓기 위해서는 사회 저변에 자신의 사상적·정책적 지지층을 넓게 확보해두어야 한다고 믿었다. 지종으로 상징되는 신진 불교인들은 그런 면에서 그에게 가장 적합한 계층이었다. 전국 각지에 포진시킨 그들을 통해 사회 밑바닥부터 빈민층을 거두고 사회안전망을 확충할 수 있었으며, 유화책을 펼침으로써 자신의 개혁을 자리 잡게 하는 데 만전을 기할 수가 있다고 판단한 것이었다.

이처럼 광종은 균여, 탄문, 지종 등에 이르기까지 당대의 실력 있는 승려들을 통해 자신의 사회개혁을 완수하고자 하였다. 정치 영역에서는 자신의 역량으로 어느 정도 커버할 수 있었지만, 사회 영역에서도 아군이라 할 수 있는 세력은 필요했고, 불교계에서 개혁의 파트너를 찾은 것이었다. 그들을 통해 사회에서 소외된 이들을 아우르는 복지정책을 추진함으로써 그는 사회의 빈 영역을 채우려고 노력하였다.

광종의 후계구도

965년 봄 2월, 41세의 광종은 이제 겨우 11살이 된 아들 왕주에게 성년식을 치러주고 왕태자(王太子) 내사 제군사(內史諸軍事) 내의령(內議令) 정윤(正胤)으로 세웠다. 그리고는 장생전(長生殿)에서 연회를 열어 이를 기념하였다.

왕태자 정윤은 곧 왕주를 왕위계승자로 삼았다는 것이고, 내사 제군사는 이름으로 보건대 국정과 군사업무를 맡아보는 직책이었던 듯하다. 내의령은 앞서 살펴보았다시피 국왕의 비서실 장관으로 관직 서열 1위였다. 불과 11살이 갓 된 아들에게 이처럼 모든 명예와 실권을 다 내려주었다는 것은 그에게 다음 왕위를 물려주겠다는 확실한 선언이었다.

그리고 정확한 시점은 알 수 없지만 아마도 이 무렵부터 차근차근 배우자를 짝지어준 것 같다. 혜종도 정윤이 되면서 정식으로 혼인한 것을 보면 첫 번째 아내인 헌숙왕후를 이때 맞이했을 가능성이 크다. 그녀는 신라 경순왕 김부의 딸로 헌승황후라고 부르기도 한다.

아마 경종이 황세에 오르면서 헌숭·황후리고 했고, 조선 시내에 고려의 역사를 정리하면서 사내주의에 따라 고려를 중국의 제후국으로 격하시키면서 헌숙왕후로 낮춘 것이 아닌가 의심된다.

그리고 시차를 두고 광종의 동생인 문원대왕 왕정의 딸 헌의왕후, 왕주의 어머니인 대목왕후와 남매지간인 대종 왕욱의 딸 헌애왕후(훗날의 천추태후)와 허정왕후 자매, 그리고 태조의 제6비 정덕왕후의 아들인 원장태자의 딸 대명궁부인도 혼인을 시켰다.

이러한 결혼의 배경을 살펴보면 차례대로 신라 경주 세력, 광종의 외가인 충주 세력, 광종의 처가인 황해도 황주(黃州) 세력, 그리고 개경에서 가까운 경기도 정주(貞州) 세력이 광종이 맺어준 아들 왕주의 배경이 된다. 여기에 전라도 지역은 빠져 있지만, 전국적으로 대략 고른 분포이다. 광종의 치세에 있어 동반 세력도 아마 이들이 아니었을까 싶다. 굳이 자신에게 적대적인 세력과 혼인 동맹을 맺을 이유는 없을 테니 말이다.

다만 신라 경주는 약간 의외인데, 고려 개국 시 경순왕 김부(金傅, ?~978, 재위 927~935)의 귀의를 통해 신라 세력도 고려의 한 축이 된 것은 맞지만 아직은 주류로 올라서지는 못한 와중이었는데, 이때 광종에 의해 고려사회의 중심부로 진입하는 기회를 얻은 것이다. 광종은 이렇게 경주 세력을 자신의 사후를 대비하여 차기 권력을 위한 정치적 파트너로 삼았음이 분명해졌다. 이후 경주 출신들은 독자적으로 세력 확장을 통해 고려의 핵심에 당당히 자리 잡는다.

그런데 광종이 아무 생각 없이 신라 세력을 끌어들인 것은 아니었다. 그에게는 무엇보다도 우선적으로 신라왕 출신인 김부가 가진 왕족의 아우라가 필요했다. 태조가 고려의 개창자임은 자명한 사실이지만, 구 호족들 입장에서는 태조 왕건 역시 그들 중 으뜸인 존재이지 처음부터 그들의 왕으로 태어난 인물은 아니었다. 하지만 그 호족들에게도 김부라는 신라왕의 상징성은 개념적이긴 했지만 분명 존재했다. 광종 후대에 고려의 제왕이 되는 인물들은 신라 왕족의 후손이라는 명분까지 이어받은, 즉 태조 왕건의 혈통과 신라 왕족의 혈통이 어우러진 명실상부한 고귀한 왕가의 일원으로서 추앙받게 하겠다는 것이 그의 계획이 아니었겠는가 싶다.

그런데 그뿐이라고 하기엔 조금 부족해 보인다. 다른 측면에서도 이 문제를 좀 더 살펴보자.

이제 광종과 사돈지간이 된 김부는 원래 광종의 누나인 낙랑공주(樂浪公主)와 935년에 결혼한 사이였으니 광종에게 매형이기도 했다. 그것은 김부가 고려에 귀부한 직후의 일이었다. 아마도 광종은 이때부터 김부를 잘 알았을 것이다. 정확한 위치는 알 수 없지만, 김부는 신라의 수도였던 경주를 떠나 개경 내의 신란궁(神鸞宮)에서 거처했으니 분명 서로 교류도 있었을 것이다.

그는 925년생인 광종보다 대략 20년 이상 연상이었을 것으로 보인다. 그가 귀부한 후 태조가 그에게 신라 종실과의 결혼을 청하자 큰아버지인 잡간(匝干) 김억렴(金億廉)의 딸, 곧 자신의 사촌누이를 태조와 결혼하도록 주선하는데, 이는 즉 935년 말 당시에 아직 김부에게 딸이 없었고 사촌누이가 결혼 적령기였음을 의미한다. 우선 김부가 910년대 이전의 태생임은 분명해진다. 그리고 935년에 신라를 포기하는 것에 강하게 반대하는 의사표현을 할 만큼 성장한 왕태자가 있있던 것을 보면 못해도 920년 전에는 결혼을 했다는 것이고, 이를 통해 유추해보자면 김부는 900년 전후에 태어났음을 알 수 있다. 실제로 그의 아버지가 결혼한 시점이 897년 이전의 일이었으니 아마도 이 무렵이 맞을 듯하다.

어쨌든 광종은 몰락한 신라 사회를 추스르느라 고생도 많이 했고 이를 통해 많은 연륜을 쌓은 매형 김부에게 신라 멸망 당시의 이야기를 들어왔을 것이고, 또 개인적으로도 신라의 몰락 원인에 관해서 관심을 가지지 않았을까 싶다. 그를 통해 듣고 별도로 자신이 알아본 바에 근거해 광종은 고려를 천년왕국으로 만들기 위한 개혁의 방향을 정했던 것은 아닐까? 그리고 더불어 그의 뒤에 포진해 있는 구 신라 세력들을 자신의 개혁에 동참시킬 수 있는 재원들로 활용할 수 있다고 판단하였던 것은 아니었겠는가 하는 생각이다.

이때만 해도 광종은 아내 대목왕후와의 사이가 껄끄럽지는 않았던 것으로 보인다. 앞서 956년에 노비안검법 이슈로 대립한 적이 있지만, 대목왕후가 물러나서였는지 별다른 문제는 없었다. 다만 그녀의 외도를 이때까지도 광종은 눈치채지 못하였던 것은 아닐까?

광종이 아들 왕주를 의심하게 되는 것은 치세 말기로 왕위계승자 곧 정윤으로 선정한 이후의 일이라고 하였다. 혹 그의 '의심'이라는 것이 고작 아직 어린 청년의 자기주장 때문만은 아니었을 것이다. 그 의심은 왕주가 자신의 자식이 맞는지에 대한 근본적인 의문이 아니었을까?

하나의 사건을 참고해볼 수 있겠다. 균여는 963년만 해도 광종이 귀법사의 주지로 앉힐 만큼 사이가 가까웠는데, 이상하게도 모종의 밀고 사건이 있었던 968년부터 이상하게도 거리가 멀어진다. 그 968년 무렵이 곧 광종이 균여가 몰래 숨겨오고 있던 대목왕후의 비밀을 알게 된 시점이었을 수 있다. 균여에 대한 내부고발의 사유가 이정(異情) 때문이었는데, 다른 감정이라고 직역할 수도 있지만, 정(情)이라는 글자에는 사랑, 심지어 정욕의 뜻도 있다.

아마도 광종 자신은 오래도록 몰랐을 것 같은데, 광종의 즉위 바로 다음 달인 949년 4월 성병에 걸린 대목왕후가 차마 의사에게 자신의 성기를 보이면서까지 치료를 받을 수는 없어서 부득이 균여의 스승인 의순(義順)을 불러 불법(佛法)으로 치유받기를 시도했던 일이 있었다. 이때 성병이 의순에게 옮겨졌다고 하는 기록을 보면 대목왕후는 성욕이 강한 여인이었던 듯 심지어 승려였던 의순과도 성관계를 가졌을 개연성이 높아 보인다.

즉 의심이 드는 상황이 될 정도라면 균여가 스승에 이어 대목왕후와 모종의 관계를 한 것이라는 밀고가 들어갔고, 그가 공포심에 사로잡혀 광종을 찾아가 싹싹 빌면서 자신은 무고하다며 한 변명이 결국 과거의 비밀을 밝힘으로써 그렇게 된 탓을 대목황후의 문란했던 사생활로 전가한 것이 아니었을까 싶은 것이다.

균여는 당대의 평가에 따르면 꽤 못생긴 외모여서 이러한 변명이 광종에게 통했을 수도 있다. 광종은 곧바로 균여에게 따로 사람을 보내 사과했고, 균여를 내부고발했던 승려 정수(正秀) 및 공모했던 그의 형을 처단하는 것으로 이 사건을 마무리했다. 다만 균여에 대한 의심은 풀었어도 혹시나 하는 마음에 그가 주지로 있는 귀법사에 이때 69세인 탄문을 들여보냄으로써 이네가 또다시 불륜을 일으킬 가능성 자체를 없애버린 것 같다. 더불어 탄문은 균여를 감시하는 역할도 병행했을 수 있다.

968년이면 광종 치세도 어느덧 후반부로 접어든 시점이기도 했다. 광종은 아내를 의심만 한 것이 아니라 이로써 아들까지도 믿지 못하게 되었다. 949년 자신의 즉위 당시 대목왕후가 승려와 불륜을 벌인 것은 그 이후 낳은 자식이 자신의 씨앗이 아닐 수도 있다는 뜻이 되기 때문이다. 하지만 최종 승자는 결국 마지막까지 버티는 사람이 될 수밖에 없다. 그리고 이 문제에 있어서 대목왕후는 자신과 또 아들이 시간 싸움에서 유리함을 잘 알고 있었다.

광종의 사람들

965년 가을 7월, 내의령(內議令) 서필(徐弼)이 65세의 나이로 세상을 떠났다. 그는 광종 대의 주목해볼 만한 인물이다.

서필은 901년생으로 경기도 이천(利川) 출신인데 성품이 사물에 통달하고 민첩하였으며 사무에 능하였다. 처음에 도필(刀筆), 즉 문서기록관으로 관직을 시작하여 여러 벼슬을 거쳐 대광(정2품) 내의령에 이르렀다.

언젠가 광종이 재신(宰臣) 왕함민(王咸敏)과 황보광겸(皇甫光謙), 그리고 서필에게 금으로 만든 술그릇을 하사하였는데, 서필은 이와 같이 말하며 받지 않았다.

"신이 어쩌다 재상의 자리에 있어 이미 과분하게 혜택을 입었는데, 또다시 금그릇을 하사하시니 더욱 황송할 따름입니다. 또한 의복이나 물품은 위아래를 밝혀야 하는 것이고, 사치와 검약은 각각 질서와 혼란에 대응되는 일입니다. 신하가 금그릇을 사용하면 성상께서는 장차 무엇을 쓰시겠습니까?"

광종은 그의 탁견에 감탄하지 않을 수 없었다.

"경이 덕을 보배로 여기고 보배는 보배로 여기지 않았으니, 나는 마땅히 경의 말을 보배로 삼도록 하겠소."

하루는 서필이 광종을 대변하여 이처럼 말하였다.

"성상께서는 공 없는 사람에게 상을 주지 마시고, 공 있는 사람을 잊지 마십시오."

광종은 아무 말도 하지 않았다. 이튿날 근신(近臣)을 서필에게 보내 공 있는 자와 공 없는 자가 누구인지를 물었다. 서필은 이처럼 대답하였다.

"공 있는 자는 원보(종4품) 식회(式會) 같은 이고, 공 없는 자는 바로 너희 풋내기들이다. 이대로 국왕께 보고하거라."

당시 광종이 귀화해온 중국인들을 후하게 대우하여 신하들의 집과 딸을 골라 그들에게 줄 정도였다. 어느 날 서필이 광종에게 말하였다.

"신이 사는 집이 좀 넓으니 국가에 헌납하고자 합니다."

광종이 그 까닭을 물으니 이처럼 대답하였다.

"지금 귀화한 사람들은 관직을 가려서 벼슬하고 집을 골라 거처하는데, 오랜 신하들과 명문가들은 도리어 많이 살 곳을 잃고 있습니다. 신이 곰곰이 생각해보니 재상이 살던 집이라 하더라도 그 자손의 소유가 못 될 것이 분명하니 신이 살아있을 적에 이를 거두어 주십시오. 신은 남은 봉급을 가지고 다시 작은 집을 지어 자손들에게 물려준다면 후회가 없을 것 같습니다."

이 말을 들은 광종은 자신에 대한 비판에 화가 치밀어올랐지만 그래도 느낀 바가 있어서 그의 선량함을 칭찬하고는 다시는 신하들의 집을 빼앗지 않았다.

또 궁궐 안의 말이 죽자 광종이 담당자를 문책하려고 했는데, 서필이 '공자(孔子)가 마구간에 불이 나자 사람이 다쳤는지만 묻고 말에 대해서는 묻지 않았다'는 고사를 인용하여 방어해준 덕분에 담당자는 무사히 풀려날 수 있었다.

이처럼 그는 눈치 보지 않고 바른말을 하는 강직한 성격의 소유자였다. 그런 아버지 밑에서 성장한 아들 서희는 마침내 고려에 커다란 공을 세워 이때 광종의 배려에 보답하게 된다. 그런데 여기서 유념해야 할 사실은, 바로 이렇게 바른 말을 골라 하던 서필은 그 악명 높았던 광종의 피의 숙청과는 거리가 멀었다는 점이다. 역사에서는 후기의 광종을 피에 굶주린 폭군으로 묘사하고 있으나, 실제로는 자신에게 비판적이었다 하더라도 스스로 능력을 인정하는 존재에 대해서는 특혜라고 할 정도로 예우를 갖추는 의외의 모습을 보여주었다. 대표적으로 서필은 시대의 분위기에 편승하던 자들에게 지극히 비판적이었음에도 오히려 광종의 신임을 얻을 수 있었다. 이는 결국 광종이 자신의 목표를 위해 앞뒤 생각 없이 달려만 들었던 옹졸한 인물이 아니라, 정확히 문제가 있는 세력들만 정밀 타겟팅하여 최대한 문제의 소지를 줄이고자 노력하였던 깊은 생각의 소유자였음을 보여주는 좋은 사례일 것이다.

기왕 말이 나온 김에, 광종 주변의 인물들과 조직에 대해 한번 정리해보자.

우선 서필과 함께 광종의 공신으로 지정되는 이는 유신성(劉新城) 뿐이다. 그는 성씨로 보건대 아마도 충주 유씨 가문 쪽 사람이 아닐까 싶다. 안타깝게도 그에 대한 구체적인 기록은 전해지지 않는다.

광종의 재신에는 서필 외에 왕함민과 황보광겸이 있는데, 금으로 된 술그릇을 광종에게 선물 받은 게 그들이다. 서필보다는 재물욕이 있었는지 그들은 선물을 잘 받았다. 왕함민은 종실이거나 공신 집안 출신일 듯하고, 황보광겸은 역시 성씨로 짐작해보자면 제4비 신정왕태후 황보 씨의 집안과 관련되어 있지 않을까 싶기도 하다. 이 중 황보광겸은 내의성의 장관인 내의령에 있었던 것을 알 수 있다. 서필은 그의 후임이었을 것이다.

원보(종4품) 식회도 유능한 인재였던 것 같다. 그는 서필이 유일하게 긍정적으로 평가한 인물이기도 하고, 광종이 즉위 직후에 지방 세금을 정하도록 임무를 주기도 했으니 진작부터 주목받아온 존재였는데, 안타깝게도 이 이후의 활동은 전혀 눈에 띄지 않기 때문에 이른 나이에 세상을 뜬 것인지 혹 그 역시도 광종의 숙청에 휘말려든 것인지는 알 수 없다.

광종 정권 전반기에는 광평성의 시중 인봉(仁奉), 내봉성의 내봉령 준홍(俊弘), 내의성의 내의령 황보광겸, 병부의 병부령 김악, 원봉성(곧 한림원으로 개칭)의 원봉령 손소(孫紹)의 채세있음은 대략 밝혀져 있는데, 집권 후반기에 대해서는 자세한 상황을 알 수가 없다. 내의령은 서필에서 아들 왕주로 한 차례 변경이 있고, 내봉령은 외교사절로 파견된 적 있는 왕로가 맡았던 것이 확인된다.

고려 초의 정부기구

— 재상부
  • 정무 : 광평성, 내봉성
  • 군무 : 순군부, 병부
— 비서기구 : 원봉성, 내의성

— 광평성 : 정책이나 정무를 논의하는 관부(오늘날 국회 내지 국무회의), 장관은 (광평)시중(오늘날 국회의장), 차관은 광평시랑
— 내봉성 : 정책이나 정무를 집행하고 인사권을 가진 관부 겸 감찰조직(오늘날 행정부, 검찰청), 장관은 내봉령, 차관은 내봉경
— 순군부 : 군대의 출동을 명령하는 군령권(오늘날 합참본부), 장관은 순군부령, 차관은 순군부경
— 병부 : 군사행정을 담당(국방부), 장관은 병부령, 차관은 병부경
— 원봉성(→ 광종 초 한림원으로 개칭) : 임금의 명령을 작성하는 곳, 장관은 원봉령
— 내의성 : 임금과 신하의 통로 역할을 하는 전달자이자 임금의 자문에 응하는 곳, 즉 황제의 비서기구 (오늘날 청와대 비서실), 장관은 내의령

여기서 특이한 점은 원래 고려 초의 기구에서는 ① 광평성 — ② 내봉성 — ③ 순군부 — ④ 병부의 순서였는데, 광종의 집권 이후 순위에 들지 못하던 ① 내의성이 가장 위로 올라서고 그다음 ② 내봉성이 위치하는 구조로 바뀐다는 점이다. ③ 광평성은 내봉성에 밀려 3위로 추락한다. 광종의 아들 왕주가 정윤이 되면서 내의령에 임명된 사실도 그렇고, 사신단 구성에서도 내의시랑이 내봉경, 광평시랑보다 위에 있는 것을 보면 내의성의 위상이 급상승하였음을 알 수

있다. 이는 곧 광종이 국왕의 비서실을 최우선시하였음을 말해준다. 이렇게 정리된 관료기구는 후대에 성종과 문종에 의해 정리되면서 내의성이 내사문하성을 거쳐 중서문하성으로, 광평성이 상서도성을 거쳐 상서성으로 최종 안착한다.

광종의 개편은 아마도 그 기점이 960년 무렵이었던 듯하다. 군대의 명령권을 관장하는 순군부(徇軍部)를 군부(軍部)로, 호위대의 물품과 무기를 관리하는 내군(內軍)을 장위부(掌衛部)로, 물품 보관소인 물장성(物藏省)을 보천(寶泉)으로 이름 바꾼 때가 바로 960년이기 때문이다. 특히 순군부와 내군의 변경은 광종이 직접 군사권에 개입한 흔적이기 때문에 아마도 그가 집권 후반기에 진입하면서 호족들의 숙청을 감행하기 전에 군사적 기반을 다진 것으로 보인다.

그의 목적은 단 하나였다. 국왕의 권력 강화가 바로 그것이었다. 비서기구의 순위 상승, 군사권의 개입은 모두 이를 통해 호족들을 억눌러 최종적으로는 국왕의 위상을 그들 위에 명확히 두려는 조치들이었다.

이를 위해 그가 활용한 이들은 앞서 언급했던 외국인과 과거합격자 외에도 다채롭게 구성되어 있었다. 정확히 누구인지 특정하기는 어렵지만, 정적들이 풋내기(若輩), 젊은이(後生), 남북의 못난이(庸人)라고 표현한 이들이 광종의 개혁에 앞장서 뛰었던 존재들이다. 풋내기나 젊은이는 같은 뜻으로 광종이 나이 든 호족세력들을 꺾기 위해 젊은 피를 많이 수혈했음을 알 수 있고, 남북의 못난이는 아마도 지역적 기반을 지칭하는 듯한데 남쪽은 후백제 아니면 신라일 테고 북쪽은 발해 유민이거나 여진족이 아닐까 싶다.

실제로 노비안검법의 수혜를 입은 계층도 바로 고려의 주적이었던 후백제 출신 유민들이었다. 전쟁 포로의 경우 노비가 되었던 고려 초기의 사정은 이미 알려져 있기 때문이다. 즉 광종은 남쪽에서는 후백제 출신들을 많이 활용하였음이 분명하다. 또 아들 왕주를 매개로 혼인 동맹을 맺은 신라 세력도 그에게는 우군이었다. 광종에게 비판적이었던 최승로도 사실 경주 사람이었고, 이후에 고려 조정의 권력 핵심부에 포진하는 이들도 신라 출신들이 다수가 된다.

북쪽은 정확하진 않지만 발해와 여진이 섞여 있었을 것 같다. 발해는 926년 발해 멸망 후 지속적으로 고려에 유민들이 유입됐는데, 대표적으로 마지막 국왕 대인선의 태자 대광현도 고려에 와 있었다. 여진도 발해의 통제권이 약화하면서 고려와 깊은 연관을 맺는데, 태조 때의 명장 유금필이 여진족을 병사로 많이 거느리고 있었던 점도 그렇고, 정종 사망 시 결정적 계기가 된 천덕전 사건 때에도 여진족이 등장함을 이미 보았다. 광종은 이처럼 고려의 주류에서 배제되어 있던 이들까지 아우르는 폭넓은 정치를 하였다.

참고로 최승로는 광종의 개혁을 이렇게 평가했다.

960년부터 975년까지 16년간은 간흉(姦兇)들이 앞다투어 진출하면서 참소하여 헐뜯음이 크게 일어나서, 군자는 받아들여지지 못하고 소인은 그 뜻을 얻었습니다. 마침내 자식이 부모를 거스르고 노비가 그 주인을 논박하기에 이르러, 상하 관계가 벌어지고 군신 관계가 해체되었습니다. 구신(舊臣)과 숙장(宿將)들은 서로 차례로 죽어

멸족을 당했고, 가까운 친인척들은 모두 다 전멸당하였습니다.

보수주의자의 눈에는 광종의 개혁이 광풍으로만 보였다. 그렇다면 실제 광종의 개혁은 어떤 의미가 있었던 것일까?

제 5 장

❀

시대적 사명 그리고
개혁

966년과 967년에는 별다른 기록이 없다. 정말로 아무 일도 없어서 였는지 혹은 사정 광풍이 가장 크게 치달았던 때여서 달리 적을 만한 사람이 없었던 것인지는 정확지 않다. 이 비어 있는 기간을 활용해 왜 광종은 이토록 치열하게 개혁을 추진하였던 것인지 한번 살펴보도록 하자. 관건은 그가 집권하기 전, 정확히는 아버지 태조 왕건이 고려를 개국하게 된 바로 그 배경에 있다.

국가의 멸망에는 여러 가지 요인이 있다. 크게 보자면 대외적 요인과 대내적 요인으로 구분할 수 있을 것이다. 물론 대외적 요인은 보통 외세의 침략에 의한 것으로, 고구려나 백제, 발해, 혹은 조선 말과 같은 상황이 이에 해당한다. 대내적 요인은 그렇다면 어떤 것들이 있을 수 있을까? 이는 생각보다 찾기 어렵다.

외세의 침략은 논란의 여지가 적다. 왜냐하면 기록이 분명하기 때문이다. 일본이 내정에 간섭하여 주권을 빼앗은 절차는 고스란히 그 기록이 남아 있다. 발해 멸망 시에 거란군이 전격적으로 발해의 수도까지 진격함으로써 마지막 국왕 대인선이 항복 선언을 하였던 것도 명백히 기록이 남아 있다. 고구려나 백제도 마찬가지이다.

그런데 대내적 요인은 그것이 조금 불분명하다. 동시다발적으로 여러 요인이 작용한 결과로 국가가 멸망하기 때문이다. 그래서 한 가지 가정을 먼저 하고 검증을 진행해볼까 한다. 바로 '사회 불평등', 즉 부의 편중과 양극화 같은 '경제적 요인'으로 국가는 멸망한다는 가정이다.

한 국가의 부의 총량이 증가할 때에는 여전히 불공평한 수준이긴 해도 나눌 수 있는 파이 자체가 커지기 때문에 사회적으로 불만세력의 확산을 대개는 방지할 수 있지만, 국가의 경제가 경색되는 동시에 자원의 흐름에 문제가 생겨 사회 전반적으로 부의 분배가 원활히 이루어지지 못하면 동맥경화 현상이 발생하고, 그로 인한 사회적 긴장이 그 사회가 견딜 수 있는 탄성을 넘어서버리는 경우에 국가는 결국 멸망한다는 가설이다.

이를 검증해보기 위해서는 대외적 요인이 없어야 정확한 분석이 가능하다. 따라서 대외적 요인으로 멸망한 나라들, 예컨대 앞서 언급하였듯이 고구려, 백제, 발해, 조선 등은 분석의 대상으로 삼기에 적절치 못하다. 순수하게 자멸한 경우만 사례로 삼아야 하는데, 이러한 분석이 가능한 국가는 우리 역사상에 단 둘뿐이다. 바로 신라와 고려가 그렇다. 그중에서 고려 이전의 신라만 여기서 살펴보도록 하자.

신라는 기원전 57년에 박혁거세에 의해 건국되어 660년과 668년에 각각 백제와 고구려를 마지막으로 무너뜨리면서 한반도 최후의 승자가 된 국가로, 내재적 모순에 의해 진훤과 궁예 등이 발호하여 왕건이 이들을 제압하고 신라를 사실상 흡수합병함으로써 935년에 멸망하게 된다.

기타 여러 가지 요인들을 보면 물론 외적 환경이 전무하였던 것은 아니지만, 외세의 침략이 직접적 원인이 아니라 내부적인 사회 현상으로 몰락한 경우여서 그 내재적 요인이 무엇인지를 밝혀내기에 적합한 사례라고 할 수 있겠다.

더욱이 신라 사회의 붕괴는 곧 고려의 개국으로 이어졌던 중요한 사건이어서 광종 역시 가장 가까운 이때의 일을 면밀히 살펴보았을 것으로 보인다. 신라의 사례를 깊이 있게 들여다보면 당시에 무엇이 문제였고 어떻게 하면 그러한 문제를 피하거나 제거할 수 있는지 지혜를 얻을 수 있을 것으로 광종은 생각하였던 것이 아닐까? 그에게 지금의 혼란한 사회 환경은 위기일 수도 있지만, 한편으로는 극복의 계기가 될 수 있는 그 무언가가 있을 것이기 때문이다. 광종처럼 시대를 걱정하는 이에게 필요한 것은 한 사회의 몰락 원인과 그에 대한 대처방안이다.

880년 9월 9일, 신라 제49대 헌강왕(憲康王) 김정(金晸, ?~886, 재위 875~886)이 신하들과 함께 월상루(月上樓)에 올라 사방을 둘러보니, 서울의 민가들이 즐비하고 노래와 음악 소리가 그치지 않았다. 월상루는 "임금님 귀는 당나귀 귀" 설화로 유명한 아버지 경문왕이 중수한 곳으로, 신라의 왕성인 월성(月城) 내에 있는 높은 누각이었을 것이다. 헌강왕이 이해 2월에 오늘날 국무총리에 해당하는 최고관직인 시중(侍中)의 자리에 오른 이찬(2등급) 민공(敏恭)을 돌아보며 질문하였다.

"들기로는 지금 민간에서는 풀로 지붕을 얽지 않고 집을 기와로 덮고, 밥을 할 때도 땔나무를 쓰지 않고 숯으로 짓는다 하는데 그것이 정말이오?"

"저도 그 이야기를 들었습니다. 대왕께서 즉위한 이래 질서가 유지되고 기상이변도 없어서 해마다 풍년이 들어 백성들은 경제 상황이 풍족하고, 국경 지역도 안정되어 있어 민간에서는 대단히 만족해하고 있으니, 이는 대왕의 치세 덕택입니다."

"이는 그대들의 보좌에 힘입은 것이지 내가 무슨 공이 있겠소?"

헌강왕은 시중 민공의 아부성 대답에 이처럼 겸손의 자세를 보였지만 실은 내심 스스로 자랑스러워했다.

이상은 『삼국사기』에 나오는 일화이지만, 『삼국유사』 역시 헌강왕 때를 신라의 전성기로 보는 데에는 이견이 없었다.

제49대 헌강대왕 때는 수도에서 바다에 이르기까지 집과 담장이 연이어져 있었으며, 성 안에는 초가집이 하나도 없었다. 노래와 풍류소리가 거리에 끊이지 않고 들렸고, 기후가 좋아 매해 풍년이 들었다.

이때 신라의 수도, 즉 오늘날 경주에 해당하는 지역의 당시 가구수가 무려 178,936호였다. 한 가구당 5명씩 구성원이 평균적으로 있었다면 거의 90만 명에 육박하는 대규모의 인구가 당시 수도와 그 인근에 살고 있었다는 것이 된다. 오늘날 경주의 인구가 26만 명 정도 되는 것에 비하면 믿기 힘들 정도의 수치라서 여러 학자가 이 수치를 곧이곧대로 받아들이지 않고는 있지만, 한 자릿수까지 정확히 기재된 이 숫자를 오늘날의 관점에서 임의로 부정하는 것은 옳지 못한 일이다. 일본 황실의 유물창고인 쇼소인(正倉院, 정창원)에서 발견된 신라 시대 촌락문서에 따르면 일찍부터 신라 정부는 각 지역의 인구는 물론 나무와 소나 말의 수량까지도 일일이 관리하고 있었을 정도로 철저한 통계를 만들고 있었음을 알 수 있다.

더욱이 신라의 전성기 때 땔나무 대신 숯을 사용한 것은 금세 민둥산이 되어버린 환경 탓에 부득이 부피가 작은 숯을 수도 외부에서 조달해서 사용해야 했던 현실을 말해주는 것일 수도 있다. 일제 강점기 당시 경주의 사진을 보면 산들이 진작부터 황폐해진 모습이 눈에 띈다.

당시 신라의 수도는 재성(在城)이라고도 불리는 둘레 1,023보(약 1.8㎞)의 월성(月城)과 여기서 더 확장된 둘레 1,838보(약 3.2㎞)의 만월성(滿月城)이 왕성의 중심이 되어, 가로 3,018보(약 5.3㎞) × 세로 3,075보(약 5.4㎞)의 왕도(王都) 및 기타 외곽부로 이루어져 있었다. 왕도 내부는 훼평(喙評)이라 부르는 6부, 외부는 52개의 읍륵(邑勒)이라는 지역 단위로 구성되어 있었다고 한다.

왕도는 총 1,360개의 방(坊)으로 구획되었는데, 하나의 방은 가로 160~167.5m × 세로 125~170m 정도였던 것으로 파악된다. 계산의 편의를 위해 왕도가 거의 정사각형에 가까웠던 것으로 가정해보면, 정확히 1,360개의 방이 되려면 전체의 방은 대략 34 × 40의 비율로

배치되어야 하지 않을까 싶다. 그렇다면 한 방은 평균 160m × 135m로 잡을 수 있고 여기에 각각 가로 34개 × 세로 40개의 방으로 계산해보면 공식 기록대로 거의 5.3km × 5.4km에 부합된다.

앞서의 전체 가구 수를 여기에 대입해보면 곧 한 개의 방에는 평균적으로 약 132호의 가구가 거주하였던 셈이고, 이를 가정컨대 가로 12호 × 세로 11호가 있었다고 한다면 한 가구가 차지한 면적은 대략 13.3m × 12.3m의 공간이 된다. 평균 면적이 164㎡였다는 것인데, 예전의 평 기준으로는 한 가구당 생활 공간이 최대 50평이 안 됐을 것으로 분석된다. 여기서 물론 도로, 사찰, 하천 등 공용면적은 대폭 빼야겠지만, 결정적으로 신분에 따라서도 집의 면적에 제한이 있었기에 그 안에서도 차별이 컸다. 다음의 규정이 제정된 시기는 정확히 알 수 없지만 대략 참고는 해볼 수 있을 것이다. 이는 집을 구성하는 건물의 제한 규정을 발췌한 것으로, 마구간 등의 공간은 별도이다.

— 진골 : 건물의 길이와 너비 제한은 24척(약 7.1m), 즉 면적 49.8㎡ (약 15.1평)

— 6두품 : 건물의 길이와 너비 제한은 21척(약 6.2m), 즉 면적 38.1㎡(약 11.5평)

— 5두품 : 건물의 길이와 너비 제한은 18척(약 5.3m), 즉 면적 28.0㎡(약 8.5평)

— 4두품 이하 : 건물의 길이와 너비 제한은 15척(약 4.4m), 즉 면적 19.4㎡(약 5.9평)

신라 시대 집의 형태를 보여주는 뼈 그릇 국립경주박물관

　이렇듯 전성기의 신라 수도는 넘쳐나는 인구로 바글바글하였을 것임은 이를 통해 충분히 알 수 있다.

　이러한 인구의 증가 현상을 말해주듯 헌강왕 당시의 신라는 국제화된 사회여서 외국인들도 상당수 거주할 정도였다고 여겨진다. 대표적으로 처용(處容)을 들 수 있다. 그는 헌강왕이 개운포(開雲浦), 즉 울산 지역에서 처음 만나 데리고 온 인물로, 급간(9등급)으로 등용하였는데 아마도 의술이 뛰어났던지 당시 신라인들은 그를 전염병을 치료할 수 있는 대단한 인물로 인식하였던 모양이다.

　신라 사회의 번영은 여러모로 알 수가 있다. 신라 수도에서는 35개의 금입택(金入宅), 글자 그대로 해석하자면 '금을 입힌 저택'이 되는 부유층들의 저택들이 유명했다. 다만 『삼국유사』의 실제 목록은 39개로 4개가 더 나와 있는데, 단순히 기재 실수인지 나중에 더 늘어난 것인지는 불분명하다.

남택(南宅), 북택(北宅), 우비소택(亏比所宅), 본피택(本披宅), 양택(梁宅), 지상택(池上宅, 본피부), **재매정택(財買井宅, 김유신의 조상집)**, 북유택(北維宅), 남유택(南維宅, 반향사 아래), 대택(隊宅), 빈지택(賓支宅, 반향사 북쪽), 장사택(長沙宅), 상앵택(上櫻宅), 하앵택(下櫻宅), 수망택(水望宅), 천택(泉宅), 양상택(楊上宅, 양부의 남쪽), 한기택(漢岐宅, 법류사 남쪽), 비혈택(鼻穴宅, 법류사 남쪽), **판적택(板積宅, 분황사 위쪽)**, 별교택(別敎宅, 개천 북쪽), 아남택(衙南宅), **김양종택(金楊宗宅, 양관사 남쪽)**, 곡수택(曲水宅, 개천 북쪽), 유야택(柳也宅), 사하택(寺下宅), 사량택(沙梁宅), 정상택(井上宅), 이남택(里南宅, 또는 우소택亏所宅), 사내곡택(思內曲宅), 지택(池宅), 사상택(寺上宅, 또는 대숙택大宿宅), 임상택(林上宅, 청룡사 동쪽으로 연못이 있다), 교남택(橋南宅), 항질택(巷叱宅, 본피부), 누상택(樓上宅), 이상택(里上宅), 명남택(椧南宅), 정하택(井下宅)

이 중 일부만 살펴보자면, 우선 신라 최고의 영웅 김유신의 저택인 재매정택(財買井宅)이 포함되어 있고, 또 김양종택(金楊宗宅)의 경우는 810년에 시중이 된 파진찬(4등급) 양종(亮宗) 혹은 867년에 제작된 취서사(鷲棲寺) 석탑 사리함에 나오는 이찬(2등급) 김양종(金亮宗) 둘 중 한 명의 집일 텐데 아마도 후자일 확률이 더 높을 것 같다. 더해서 판적택(板積宅)은 적판궁(積板宮)으로도 불린 것으로 보이는데, 흥덕왕의 사촌인 김균정과 그의 아들로 후에 제45대 신무왕이 되는 김우징이 살았던 저택이 바로 그곳이다.

대개 신라 사회 최고의 귀족이거나 정치가, 혹은 왕이 되는 인물 등 신라 최상층부 명망가들의 저택이 곧 금입택에 꼽히고 있다. 이곳들은 아마도 실제로 금을 입혔다는 이름 그대로 금으로 치장되었던 것 같다. 그것은 신라 사회에 공식적으로 적용되었던 진골 이하는 집에 금으로 장식하지 못한다는 규정으로 미루어 알 수 있다. 즉 일반 귀족까지도 금 장식을 금지하였다는 것은 거꾸로 이들 금입택을 소유할 정도의 권세가들은 금 장식 정도는 기본으로 하였기에 당대의 부유한 저택으로 유명해진 것으로 해석할 수도 있기 때문이다. 결국 금입택은 진골 귀족마저도 뛰어넘을 정도의 슈퍼 리치(super rich)들이 살았던 집이었던 것이다.

또한 사절유택(四節遊宅)이라고 하여 사계절을 유람하며 관상할 수 있는 네 곳이 유명했는데, 신라 지배층의 여유로운 취향을 알 수 있는 하나의 사례이다.

봄에는 동야택(東野宅), 여름에는 곡량택(谷良宅), 가을은 구지택(仇知宅), 겨울은 가이택(加伊宅)

뿐만 아니라 조금 앞선 시기이긴 하지만 834년 흥덕왕의 외제품 유행에 대한 비판은 귀담아들을 만하다.

사람은 위아래가 있고 지위에도 귀함과 비천함이 있으니, 명칭과 법칙도 같지 않고 의복 또한 다르다. 풍속이 점점 경박해지고 백성들이 경쟁적으로 사치와 호화로움을 추구하니, 진기한 외제품만 좋아하고 국산품은 촌스럽다고 무시하게 되었다. 이에 예절이 점차 사라지고 풍속도 차츰 쇠퇴하기에 이르렀다.

그러면서 언급되는 외래품들은 가히 놀라운 수준이다. 예를 들어 진골 여인에 대한 복식 규정을 보면 공작새 꼬리, 동남아 비취조의 깃털, 오늘날 카자흐스탄의 보석 비녀, 거북이 등껍질 등이 등장한다. 그 아래 6두품, 5두품, 4두품도 복식 규정이 제각각 존재하였다는 것은 역으로 계급을 넘나드는 일반적인 과소비를 국가 차원에서 통제하였음을 의미한다. 만약에 이러한 규제가 없었다면 얼마나 더 심한 과소비가 가능했겠는가 하는 짐작이 든다.

경주 석빙고 문화재청　　**경주 석빙고(내부)** 문화재청

더욱이 중국 측 기록에 따르면 신라에서는 겨울에는 집 안에 부엌을 만들고, 여름에는 음식물을 얼음 위에 둔다고 하는데, 이는 일반 가정이 아닌 최소 귀족층 이상의 문화를 말하고 있다. 고대사회에서

추운 겨울이면 집 안에서 숯으로 밥을 짓고 무더운 여름엔 얼음을 일상적으로 사용할 정도의 막대한 부를 축적한 귀족들의 과시적 소비(conspicuous consumption)가 자연스럽게 연상된다.

신라의 역사는 『삼국사기』의 영향으로 보통 상대, 중대, 하대로 나누는데, 상대(B.C.57년~654년)는 고대국가로 거듭나던 시기이고, 중대(654년~780년)는 성골이 끝나고 진골이 왕위를 이어가면서 마침내 삼국을 통일하는 역동적인 시대이며, 하대(780년~935년)는 왕위계승을 둘러싼 치열한 내부분열과 사회체제의 붕괴로 후삼국 시대로 이어지는 혼란기로 정의될 수 있다. 이 하대는 바로 헌강왕을 정점으로 그 전까지는 그래도 혼란의 와중에 지속해서 이루어져 왔던 번영이 끝나고 마침내 자중지란의 단계에 접어든다. 헌강왕 시대의 번영은 신라 사회가 꺼지기 전 마지막으로 화려하게 빛난 불꽃과도 같았다. 이때가 바로 신라의 최후의 전성기이자 동시에 곧 절정을 찍고 내리막길로 들어서는 초입이었다.

이로부터 불과 9년 후인 889년, 제51대 진성여왕 김만(金曼, 혹은 김탄金坦, ?~897, 재위 887~897) 치세 3년 차에 나라 곳곳에서 봉기의 불길이 거세기 불기 시작한다.

당대의 기록에서는 국정 파탄의 책임을 여왕의 탓으로 돌리고 있지만, 이는 유의해서 살펴볼 필요가 있다. 먼저 대각간(1등급) 위홍(魏弘, ?~888)과의 불륜을 문제 삼고 있는데, 사실 이들은 숙부와 조카의 사이였다. 오늘날의 기준으로는 근친혼의 문제가 있지만, 신라 당시에는 이후의 고려와 마찬가지로 사회 통념상 근친혼이 반드시 문제가 되는 것은 아니었다. 이들은 원래 결혼한 사이는 아니었지만 언젠가 혼인까지 함으로써 법적으로는 하등의 문제가 없었다. 정적들이 공격하기 위한 빌미에 불과한 사안일 뿐이다.

또 위홍이 국정을 마음대로 하였다는 것도 사실에 부합하지 않는다. 바로 선대인 헌강왕 때부터 그는 상대등이 되어 신라 국정을 책임지는 자리에 있었기 때문에 정말 그가 잘못을 저질렀다 해도 그것은 진성여왕 단독의 문제라고 볼 수는 없다. 그가 사망한 시점은 진성여왕이 즉위한 바로 이듬해였으니 국정 농단을 비판하는 것 역시 정적의 단순한 트집 잡기에 지나지 않음을 알 수 있다.

끝으로 그녀가 미소년 두세 명을 총애하여 성적으로 문란한 행동을 하고 그들에게 요직을 내어주었다고 하는데, 우선 여왕이 아니라 일반 남성 왕들도 얼마든지 성적으로 방종한 행동들을 해왔으니 그녀만 문제라고 하기엔 어불성설이고, 또 요직을 내어주고 국정을 다 맡겼다고 단정 짓기에는 그녀가 최치원 등 실력 있는 6두품 세력을 등용하여 신라의 개혁을 위해 힘썼던 부분이 있는데도 이를 쉬이 간과하고 있음이 명백해진다. 그녀는 분명 왕으로서 노력하였고, 심지어 그 실패에 대한 책임을 통감하고 자리에서 물러날 줄 알았던 양식 있는 왕이었다. 그녀에게는 막내아들인 아찬(6등급) 양패(良貝) 등 왕위를 물려줄 수 있는 아들들이 있었음에도 조카 김요(金嶢, 883~912)에게 양위하는 것으로 자신의 치세를 끝마치고 세상을 떠났다. 그런 진성여왕을 위해 변명을 해주자면, 그녀는 선대부터 발생한 사회적 모순이라는 폭탄 돌리기의 마지막 순번에 걸린 것에 가까워 보인다.

　이제부터는 이상과 같은 여왕에 대한 편견을 걷어내고 좀 더 객관적으로 살펴볼 필요가 있겠다. 민중 봉기의 계기는 각 지역에서 세금을 바치지 않자 중앙정부의 창고가 빌 지경에 이르렀고 그 때문에 지방마다 세금을 독촉하게 했는데, 그것이 사건의 발단이었다는 것이 『삼국사기』의 공식적인 판단이다. 이 사실을 있는 그대로 믿자면 진성여왕의 정치적 판단 실수는 바로 여기에 있다. 그녀가 왕위에 오르던 887년에 지역의 1년 치 세금을 감면시켜주는 정책을 발표하여 자신의 즉위에 대한 국민의 지지를 확보하려고 했던 것이 결국 문제가 된 셈이었다. 당장은 흉년에 대한 시혜적 정책으로 실행된 것이었는데, 한 번 세금을 내지 않아보니 그 효과가 컸던 지방 사회는 뒤늦게 다시 세금을 거두어들이려는 중앙정부의 노력에 실력으로 저항하기 시작하였고, 이를 계기로 하여 전국적으로 조세저항 운동이 거세게 일어났다. 아마도 그 주체는 일반 민중들과 지방 호족들 둘 다로, 서로 간에 이해관계가 일치하여 발생한 것으로 보인다.

　참고로 조세 면제는 위정자가 쓸 수 있는 매우 강력한 정책카드임에는 분명하다. 다만 그 효과는 크되 부작용도 감안하지 않을 수 없다는 사실을 직시할 필요가 있다. 신라 역사에서도 몇 차례 조세 면제를 시행한 적이 있는데, 대다수는 재해를 입은 지역들로 국한되어 있다. 예컨대 198년 홍수 피해를 입은 지역, 397년 흉년이 든 하슬라주, 814년 수해 피해지역 등을 대상으로 1년간 조세 면제를 한 것이 대표적이다.

　아마도 진성여왕은 제27대 선덕여왕과 제33대 성덕왕의 전국적 조세 면제의 사례를 벤치마킹하였던 것 같다. 선덕여왕은 첫 여왕으로 즉위한 후 선정을 펼치는 위정자라는 이미지를 위해 2년 차에 전국적인 조세 면제를 시행한 바 있고, 또 성덕왕도 통일 후 신라의 전성기를 연 인물로 인정받고 있는데 특히 치세 중에 당나라의 요청으로 발해를 공격했던 이가 바로 그였다. 하지만 그때와 진성여왕의 즉위 시기는 상황이 많이 달랐다. 선덕여왕 당시만 해도 신라는 삼국통일의 위업을 향해 달려가고 있던 한창 뜨고 있던 해였고 성덕왕은 완연히 떠오른 해의 입장이었지만, 진성여왕의 신라는 안타깝게도 이미 지고 있는 해였다. 고로 그녀의 실책은 재정 상황을 제대로 감안하지 못한 인기 영합책을 통해 국가적 재난을 초래하고 말았다는 것이다.

이렇게 거센 저항을 보인 대표적인 케이스만 꼽아서 보자면 다음과 같다.

죽주(竹州, 경기 안성)의 기훤(箕萱)

북원(北原, 강원 원주)의 양길(梁吉)

사벌주(沙伐州, 경북 상주)의 원종(元宗)과 애노(哀奴), 이상 889년

무주(武州, 전남 광주)의 진훤(甄萱), 892년

명주(溟州, 강원 강릉)의 궁예(弓裔), 894년

수도 서남쪽(후백제 지역)의 붉은바지단(赤袴賊), 896년

송악군(松岳郡, 개경)의 왕륭(王隆)과 아들 왕건(王建), 896년

이들의 출신은 널리 분포된 지역만큼이나 다양하다. 진훤은 농사

꾼의 자식으로 태어나서 군인으로 출세하던 중 5,000명을 끌어모아 무주를 습격하여 차지한 후 독립한 케이스로 북원의 양길마저도 휘하에 둘 정도로 급성장하였다. 궁예는 신라왕의 서자라고 하지만 이는 자신을 높여 보이기 위한 과장인 듯하고, 세달사(世達寺)라는 절에서 승려로 있다가 세상이 혼란스러워지자 이를 틈타 출세를 위해 속세로 돌아와 기훤과 양길의 밑을 떠돌다가 마침내 3,500명의 병력을 기반으로 독립을 선언하였다. 이들은 마치 스탕달(Stendhal, 1783~1842)의 소설 『적과 흑(Le Rouge et le Noir)』에 나오듯이 혼란스러운 시기에 사회에서 성공하기 위해서는 군복을 상징하는 적(赤)이나 성직자의 옷색깔인 흑(黑)처럼 군인 아니면 승려의 길을 택했던 것이다.

그 외에도 적고적이라고도 불리는 붉은바지단이라는 집단이 옛 백제 지역에서 자생적으로 들고일어나 무장을 하고 신라의 수도까지 쳐들어왔는데, 수도의 서북부에 있는 모량리(牟梁里)까지 약탈이 이루어졌을 정도로 그 세력이 꽤 컸던 모양이다. 또한 송악군의 사찬(8등급)의 직급에 있던 왕륭과 그의 아들 왕건처럼 지방호족 출신들도 이처럼 혼란의 와중에 인생 역전의 기회를 엿보고 있었다. 이들 왕씨 집안은 6두품일 수도 있고 혹은 자칭만 하였던 것일 수도 있는데, 어쨌거나 점차 각 지방이 중앙정부로부터 떨어져나와 자립해나가는 동향을 말해주고 있음은 동일하다.

이러한 집단 봉기는 단순히 신라 사회 내에서만 문제가 아니었다. 893년 윤 5월 3일의 기사를 보면 신라 해적이 일본 히고국(肥後國) 아키타군(飽田郡)을 습격하여 민가를 불태우고 히젠국(肥前國) 마쓰우라군(松浦郡)으로 도망친 모습이 포착된다. 이들 신라 해적은 894년 4월

14일에는 쓰시마를 침략하여 한참 노략질한 후 떠났고, 5월 7일에야 일본 조정은 신라 해적의 퇴각 소식을 접하게 된다.

이들은 9월 초에 재침을 하는데, 이번에는 쓰시마 측에서 준비가 되어 있어서 신라 해적들이 선박 100척에 2,500명의 병력으로 침략해왔을 때 대장군, 부장군 등 302명을 사살하고 배 11척을 위시하여 각종 무기들을 빼앗는 데 성공하였다. 사로잡힌 신라인 현춘(賢春)이 '신라 국내의 기근'으로 일본을 습격하게 되었고, 이들의 일원 중에는 당나라인도 포함되어 있다는 사실을 진술하였다. 또다시 신라 해적은 895년 9월에 오키 섬(壹岐島)을 공격했다.

이처럼 신라 내부에서 해결되지 못한 내적 문제는 불가피하게 이웃나라 일본에까지 커다란 여파를 미치고 있었다. 400년 후 사회질서가 무너져내린 일본에서 발생한 왜구가 고려 각지를 약탈하였던 것의 역전된 버전과 같은 상황이었다.

결국 진성여왕은 자신의 능력으로는 이러한 전국적 봉기를 막아낼 자신감을 잃었고, 이때 겨우 15살이 된 조카 김요에게 왕위를 넘겨주기로 전격 결정하였다. 그가 곧 제52대 효공왕(재위 897~912)이다. 그녀가 직접 말한 양위에 대한 사유는 다음과 같다.

근래에 백성들이 곤궁하여 도적들이 일어난 것은 내가 부족한 탓이오. 내 뜻은 어진 이에게 왕위를 물려주는 것으로 결정하였소.

신라 정부의 공식 외교문서를 살펴보아도 실제로 전국 각지에서 민중 봉기가 들끓었음을 알 수 있다.

> 도적들이 무리를 이루어서 다투어 소란을 일으키니, 전국이 모두 도적의 난리를 만났습니다. (진성여왕)
> 우리나라에 큰 흉년이 계속되자, 좀도둑이 잇달아 일어나서…. (효공왕)

뿐만 아니라 이러한 사회 현상은 금석문으로도 증명된다. 경남 합천의 해인사와 오대산사의 길상탑 기록은 889년부터 895년 사이, 즉 진성여왕 치세 동안 신라 사회가 내부 분열과 경제 위기의 두 가지 악재로 점철되었음을 말해주고 있다.

> 당나라 19대 소종(昭宗, 재위 888~904)이 중흥을 이룰 때에 전쟁과 흉년의 두 재앙이 서쪽에서 멈추고 동쪽에서 와서, 더 나빠질 수도 없는 최악의 상황에서 굶어 죽고, 싸우다 죽은 시체가 들판에 즐비하였다.

> 기유년(889년)에서 을묘년(895년)까지 7년 동안 온 세상이 난리로 어지러워져 들판이 전쟁터가 되었고 사람들은 방향을 잃고 아귀다툼에 빠졌다.

해인사 길상탑 문화재청

또한 892년에 진훤이 본격적으로 반기를 들던 당시의 상황은, 기근이 들어 백성들이 떠돌아다니고 떼도적들이 벌떼처럼 일어나던 무렵이었다. 바로 다음 해인 893년에 최치원은 새해축하사절로 뽑혀 당나라에 가는 임무를 맡았는데, "매해 기근이 들었고, 그로 말미암아 도적이 많이 일어나니 길이 막혀" 결국 사행길을 출발하지도 못할 정도였다.

이처럼 반복적으로 나타나는 당대의 상황은 흉년에 따른 기근 발생과 민중봉기의 폭발적 증가였다.

그렇다면 당시 기근으로 표현된 경제 상황은 얼마나 심각했을까? 한 가지 사례를 살펴보자.

어느 날 수도 6부 중 한 곳인 한기부(韓歧部)의 분황사(芬皇寺) 동쪽

마을에서 젊은 여자와 눈 먼 어머니가 서로 부둥켜안고 울고 있어서 사람들이 궁금증에 모여들었다. 젊은 여자의 이름은 지은(知恩)으로 연권(連權)이라는 백성의 딸이었는데, 어려서 아버지를 잃고는 32살이 되도록 결혼도 하지 않고 홀로 눈 먼 어머니를 모시고 살 정도로 효심이 깊었다.

하지만 경제상황이 점차 어려워지자 일용직으로 일하기도 하고 끼니를 구걸해서 얻어다 어머니의 식사를 준비하는 것도 이제는 힘들어졌다. 마침 흉년까지 겹치자 이제는 먹을 것을 빌리는 데에도 한계에 도달해 결국 쌀 30석을 받는 조건으로 부잣집에 몸을 팔아 종살이를 할 수밖에 없었다. 이렇게 종일 그 집에서 일을 해주고 저녁이면 밥을 지어 돌아와서 어머니의 식사를 마련했는데, 며칠 후 어머니가 지은에게 이렇게 말하였다.

"예전에는 음식은 거칠어도 맛이 있었는데, 지금은 좋은 쌀을 먹는데도 맛이 예전 같지 않고 마음이 불편하니 어찌 된 일이냐?"

지은이 사실대로 말하자 어머니는 통곡하였다.

"나 때문에 너를 종으로 만들었구나. 내가 빨리 죽었어야 하는 건데!"

지은은 자기가 들키지 말았어야 어머니가 걱정하지 않으셨을 텐데 그러지 못한 것을 한탄하며 따라 울었다.

이때 길을 지나가던 사람들이 이 사정을 듣고는 다들 딱하게 여겼다. 이들 중에 김효종(金孝宗)이라는 젊은이가 있었는데, 곧 집으로 돌아가 부모에게 청하여 곡식 100섬과 옷가지를 받아 지은의 집에 보내주었다. 또 지은을 종으로 사들인 주인에게 몸값을 갚아주고 다시 양인으로 만들어주었으며, 낭도 1천 명이 각각 곡식 1섬씩을 갹출해서 1,000섬을 만들어 기부하였다.

진성여왕도 이 소식을 듣고는 곡식 500섬과 집 한 채를 내려주고, 곡식이 많아 도둑이 들 것을 우려하여 담당 관청에 명하여 군사를 보내 교대로 지키게 하기까지 했다. 그리고 몸소 나서서 지은을 도왔던 김효종, 곧 제3재상 서발한(제1등급) 김인경(金仁慶)의 아들을 어린 나이에도 어른스럽다고 여겨 좋게 보고는 오빠인 헌강왕의 딸과 결혼시켰다. 김효종은 902년에 대아찬으로서 시중의 지위에까지 오르게 된다. 여담이지만 나중에 신라의 마지막 국왕이 곧 그와 헌강왕의 딸 계아태후(桂娥太后) 사이에서 태어난 경순왕 김부이다.

여기까지만 살펴보면 그저 미담에 불과할 수 있지만, 정확히는 그 이면에 존재하는 가난의 보편화를 읽어야 한다. 헌강왕 때의 풍년과 대비돼 반복되는 흉년과 이러한 경제난을 이겨내지 못한 빈민층들의 노비화가 하나의 사회적 추세가 되고 있음을 알 수 있다.

그렇다면 지은이 자신을 판 30섬의 가치는 얼마나 되었을까? 신라 성덕왕 때 빈민에게 지급된 하루 식량이 3승(약 0.6ℓ) 정도였다고 하는데, 이는 생명을 지키는 최소한의 양이었을 것이다. 30섬은 4,500승이니 지은은 대략 4년 치 식량을 받고 부잣집 종이 된 셈이었다.

당시 외부인의 눈으로 신라 사회를 바라본 기록 중, 중국 측 역사서인 『신당서』에 나오는 한 구절을 참고해볼 수 있다. 신라 귀족사회의 부의 편중이 얼마나 심각한지를 잘 말해주는 자료이다.

재상의 집에는 소득이 끊어지지 않으며, 노비가 3천 명이나 되고, 무장병사와 소, 말 돼지도 이에 맞먹는다. 가축은 바닷속 섬의 산에 방목하였다가 필요할 때에 활을 쏘아서 잡는다. 곡식을 남에게 빌려주어서 늘리는데, 기간 안에 다 갚지 못하면 노비로 삼아 일을 시킨다.

실제로 일본 승려 엔닌(圓仁)이 쓴 『입당구법순례행기(入唐求法巡禮行記)』(838~846)라는 책에서 묘사된 신라 사회의 모습에서도 전라남도 남쪽에서 제주도로 넘어가기 전에 머무르는 구초도(丘草嶋)라고도 부르는 황모도(黃茅嶋)가 신라의 제3재상이 말을 방목하는 곳으로 나와 있다. 미담의 주인공 김효종의 아버지도 제3재상이었으므로 어마어마한 부자였을 테니 효녀 지은을 도와준 정도는 극히 작은 선행에 불과했을 것이다.

신라는 이렇듯 부익부 빈익빈 현상이 심화하면서 이미 전형적인 불평등 사회로 이행하고 있었다. 백성들의 경제는 파탄에 이르는 지경이었는데도 사회의 지배층은 금입택에 살며 사절유택을 돌면서 인생을 즐기고 기와집에 살며 숯으로 밥을 지어 먹는 경제력을 보였다. 이는 결국 사회의 양극화를 의미한다. 부유층과 빈민층이 나뉘면서 사회의 불안정성은 높아지고, 이에 불만을 품은 세력들이 이러한 불합리한 현실을 타개할 수 없다는 좌절감에 들고일어나기 시작한 것이다.

이러한 상황에서 사회적 균형을 잡아줄 수 있는 존재는 바로 중산층이었다. 대표적으로 중산층 안에서도 상층을 차지하는 지식인 계층인 6두품 계급은 진골 왕족과 귀족, 그리고 사회 중·하층민들의 중간에서 적절한 역할을 할 수 있는 역량 있는 세력이었지만, 신라 사회의 고질적 병폐인 출신의 제약에 가로막혀 더 이상 사회 상층부로의 진입이 안 되다 보니 사실상 사회개혁에 손을 놓으면서 신라는 스스로 생명이 다해간다.

신라는 골품(骨品)이라고 부르는 신분이 확고한 사회였다. 진골, 6두품, 5두품, 4두품, 그리고 평민에 이르기까지 복장부터 집의 규격까지 획일적으로 철저하게 정해져 있는 신분제 사회가 곧 신라의 근간이었다. 그만큼 신라는 신분제라는 족쇄와도 같은 보수적 문화 때문에 무언가 개혁을 하고 싶어도 도저히 할 수 없는 사회적 환경이 형성되어 있었다.

한 예로 진성여왕 때 만들어진 충남 보령의 성주사 낭혜화상 탑비문에 따르면 당시 신라가 얼마나 보수적인 신분제 사회였음을 잘 알 수 있다.

나라에 5품이 있는데 성골, 진골, 득난(得難, 즉 6두품) 등이 그것이다. 득난은 귀성(貴姓)을 얻기 어려움을 이야기한 것으로 (…) 6두품은 그 수가 많지만, 귀성이 되기는 매우 힘든 현실을 의미한다. 더욱이 4품, 5품은 말할 것도 없을 것이다.

성주사 낭혜화상 탑비 문화재청   **성주사 낭혜화상 탑비 비문(부분)** 문화재청

김우징의 신무왕 즉위에 가장 큰 공헌을 한 청해진의 장보고(張保皐, ?~841?)조차도 자신의 딸을 국왕과 혼인시키려던 계획이 결국 거부당한 이유가 바로 그가 '미천한 출신'이라는 점 때문이었다. 그는 당나라에서 무장으로 성공했고 신라에 귀국해서 당나라와 일본을 잇는 해상무역 네트워크를 구축하여 자수성가의 대명사가 된 인물인데도 신라의 귀족사회에서는 그저 출신만으로 배척당한 것이다.

또한 그 유명한 최치원(崔致遠, 857~?, 868년 유학, 874년 과거 급제, 885년 귀국)은 아찬(6등급)까지는 올랐지만, 그것이 그가 6두품으로서 승진할 수 있는 최고의 위치였다. 그는 진성여왕에게 시무책(時務策)이라는 이름의 사회개혁안을 제시하기도 하였으나, 그가 신라 정부 안에서 할 수 있는 역할에는 분명 한계가 있었다. 어느 순간 그는 현실의 벽에 부딪혀 당나라의 과거에 합격하면서 꿈꾸었던 오랜 출세의 뜻을 버리고 산속으로 들어가버린다. 그렇게 이제 신라 사회에서는 더 이상 개혁의 의지를 가진 이가 나오지 못한다. 그에 반해 최치원과 함께 신라의 3대 지식인 '삼최'로 불리는 최승우(崔承祐, ?~?, 890년 유학, 893년 과거 급제)나 최언위(崔彦撝, 868~944, 885년 유학, 과거 급제 후 909년 귀국) 같은 당대의 유학파 지식인들은 자신의 뜻을 이루기 위해 개혁 의지를 가진 진훤, 왕건 등 호족들과 연계하여, 아예 개혁을 넘어서는 혁명의 길에 뛰어든다. 그것이 이들의 운명을 가르는 결정적 차이가 된다.

더 큰 문제는 이것이 신분에만 국한된 것이 아니라는 점이었다. 신라는 출신지역 차별도 심각했다. 기본적으로 수도의 6부 소속 주민들과 그 외 지방민들의 차별도 하고 있었다. 나중에 골품제로 통합되기는 하였지만 6부 주민들은 경위를, 지방민은 외위를 받는 체계의 구분이 명확히 존재했다. 가야 출신 김유신은 그래도 전쟁이라는 거대한 변혁의 사회적 물결 속에서 태대각간이라는 신라 최상층으로의 진입이 가능했지만, 통일전쟁도 어느덧 마무리되고 사회가 점차 정체되면서 신라는 동맥경화를 일으키듯 사회적 계층 이동성이 완전히 막히는데, 그 큰 줄기가 바로 지역민 차별이었다.

특히 고구려, 백제 등 나중에 편입된 지역들이 차별대우를 심하게 받은 것으로 보인다. 대표적 사례로 고구려의 주부(主簿)면 최고위직인 대대로 바로 아래로 종2품, 대상(大相)은 정3품, 위두대형은 종3품에 해당되는 꽤 고위직인데도 신라에서는 이들을 받아들일 때 각각 일길찬(7등급), 사찬(8등급), 급찬(9등급)을 부여했다. 기껏해야 6두품으로, 그것도 6두품 최고등급인 아찬(6등급)보다 못한 대우를 했던 것이다. 고구려와 백제가 무너진 지 200여 년이 흘렀어도 이들 지역의 주민들이 다시 고구려나 백제의 부흥을 타이틀로 걸고 들고일어나는 모습을 보면 이들은 완전히 신라인으로 동화되지 못하고 주변인 취급을 받았던 게 거의 확실하다. 이는 곧 신라인이라는 정체성의 확산이 결코 성공적이지 못하였음을 반증해주는 결과이다.

똑같이 도시국가로 시작하여 나중에 지중해 전역을 제패하는 로마는 신라와 반대로 개방된 시민권 제도를 통해 역사의 승자가 될 수 있었다. 그러나 신라는 그 특유의 폐쇄성으로 인해 스스로를 오늘날 경주라는 한 지역의 틀에 가둬놓는 결과를 낳고 말았다. 신라인들의 배타성은 이해하기 힘들 정도로 공고했다. 구분 짓기를 좋아했던 신라 사회 내부에서는 오랫동안 공공연한 차별을 지속하고 있었고, 그 차별이 신라 사회를 결국 분열시키는 것은 시간문제였다.

즉 이러한 신분차별, 지역차별을 통한 경제 불평등의 심화가 신라 사회를 안에서부터 곪게 한 주요한 원인이었다.

대략적인 신라 말기의 상황은 이러하다. 그런데 이러한 상황을 객관적인 수치로 증명하기에는 통계자료가 부족하다. 아무래도 『삼국사기』나 『삼국유사』는 개괄적인 정보만 담고 있을 뿐 『조선왕조실록』 같은 정밀함은 많이 떨어지기 때문이다. 그래서 이러한 사실을 증명할 수 있는 간접적인 통계기법을 한 가지 고안해보기로 하자.

우선 전제조건은 다음과 같다. 흉년, 기근 등으로 표현되는 경제난이 가중된 상황을 먼저 정리한다. 여기서 지진 등 일시적인 재난은 경제 영향도가 적으니 제외한다. 그런 다음 이 당시에 경제난을 이겨내지 못하고 민중 봉기가 발생했는지를 살펴보는 것이다. 정부가 제 기능을 하고 있고 어느 정도 사회안전망이 작동하는 상황이라고 한다면 아무리 경제난이 극심해진다 하더라도 사회로부터 일정 부분 보호를 받으면 민중 봉기가 발생하지는 않을 것이라는 전제를 둔 작업이다. 기간은 삼국통일의 전쟁이 한창이던 시절은 대외적 조건이 개입되기 때문에 제외하도록 하고, 『삼국사기』의 구분방식을 따라서 신라의 역사 중 하대, 즉 제37대 선덕왕부터 제51대 진성여왕 직전까지 약 100년간을 분석의 대상으로 삼는다. 그 결과는 다음과 같이 표로 볼 수 있다.

신라 하대의 연도별 재해 발생 현황과 민중 봉기 여부 및 그에 따른 정부 조치

재위	연도	재해 현황	민중 봉기	조치 사항
38대 원성왕	786	가뭄		구휼 (왕도에 곡식 66,240석 배급)
	787	메뚜기떼		
	788	메뚜기떼, 가뭄	발생	안무사 파견
	789	서리		구휼
	790	가뭄		구휼
	795	가뭄, 서리		
	796	기근, 전염병		구휼
	797	메뚜기떼		
	798	가뭄		
41대 헌덕왕	814	홍수		1년간 조세 면제
	815	대흉년	발생	군사 진압
	816	흉년		
	817	가뭄, 흉년		구휼
	819	(사유 미상)	발생	군사 진압
	820	가뭄, 기근		
	821	기근		
42대 흥덕왕	827	서리, 가뭄		
	832	흉년, 기근	발생	안무사 파견
	833	대기근, 전염병		구휼(834)
46대 문성왕	840	기근		
	841	전염병		
	853	홍수, 메뚜기떼		안무사 파견(855)

47대 헌안왕	858	서리, 가뭄		구휼(859)
48대 경문왕	867	전염병, 홍수		위문사 파견
	870	홍수, 전염병		
	872	메뚜기떼		구휼(873)

전반적으로 보면 흉년이나 기근이 들면 대개 긴급 구휼 조치에 들어가는 것이 일반적인데, 간혹 그 조치가 미흡하거나 제대로 이루어지지 않은 경우에 심각한 경제난을 겪은 주민들이 결국 견디지 못하고 들고 일어나는 경우가 네 차례 눈에 띈다. 두 번은 안무사 파견을 통해 평화적 해결을 시도했고, 나머지 두 번은 토벌군을 편성해 물리력으로 강제진압하여 처리하였다. 이 정도면 꽤 선방한 셈이다. 자식까지 팔아야 했을 정도의 기근, 즉 최악의 경제 상황을 겪으면서도 민중 봉기가 네 번에 국한되었다는 것은 이때까지만 해도 신라 정부의 사회적 구제책이 부족하나마 어느 정도는 정상 작동하고 있었음을 말해준다.

그것조차 사실상 포기한 시점이 진성여왕 때이다. 기록엔 누락되어 있지만, 이 당시 거의 매해 흉년이 발생하고 그에 따른 기근이 반복되면서 신라사회는 붕괴에 가속도가 붙게 된다. 893~895년 사이에 일본열도까지 신라해적이 출몰한 것은 지방의 거버넌스(governance)가 무너졌음을 말해주는 좋은 사례인데, 고려 말에 왜구의 활동이 활발하게 이루어진 가장 큰 원인이 일본 내의 거버넌스 약화와 경제난이었던 것과 비교해볼 수 있다. 단순히 일회성 조세 면제로는 결코 해결할 수 없었던 사회 근간의 붕괴는 곧 국가의 부가 정상적으로 축적되지 못하고 제대로 운용되지 못하는 극단적 단계에까지 이르렀음을 의미한다. 그에 반해 각 지방의 호족들은 이 기회를 틈타 마치 독립왕국처럼 자립하여 자신들의 세를 불리는 일에 경쟁적으로 뛰어든다. 국가가 가진 부의 총량도 물론 반복되는 경제난으로 감소세에 있었던 것은 큰 문제였지만, 그런데도 중앙정부가 지방을 관리·통제할 수 없었다는 것은 각 지역의 유지들, 곧 호족들이 독자적으로 부를 축적하고 이를 활용해 군사적 힘을 기를 수 있는 환경이었음을 의미한다. 결과적으로는 국가의 부는 조세 면제와 이를 계기로 발생한 조세저항 운동, 그리고 그 이전에 특히 중앙에서 귀족층들이 국가의 부를 독과점함으로써 발생한 민중들의 경제파탄이 결정적 역할을 한 것으로 풀이된다.

더욱이 이 기간에 신라의 지배층은 자기들만의 권력다툼으로 소중한 세월을 보내고 있었다. 다음의 표를 보면 그 사실을 잘 알 수가 있는데, 전반적으로 상대등이나 시중 혹은 이찬(2등급)의 고위층들이 벌인 쿠데타가 민중 봉기의 횟수를 훨씬 능가하고 있다. 특히 전반에는 왕위계승에 대한 경쟁이 잦았는데, 이는 고위층이 사회의 본질적인 개혁이나 안정화보다는 자신들의 권력투쟁에 몰두하고 있었음을 잘 나타낸다. 그만큼 신라의 성장 잠재력은 내적 모순으로 소진되고 있었다.

신라시대 사회혼란기

재위	연도	구분				관련자 직책		관련자 직급	
		반란	모반시도	왕위다툼	민중봉기	고위직	지방직	진골	6두품
37대 선덕왕	780	1		1		1		2	
38대 원성왕	785			1		2			
	788				1				
	791		1					1	
40대 애장왕	809			1		1		1	
41대 헌덕왕	815				1				
	819				1				
	822	1					1		
	825	1					1		
42대 흥덕왕	832				1				
42대 흥덕왕	836			1		2		1	1
44대 민애왕	838			1		2	1	2	
46대 문성왕	841		1						1
	847		1					2	
48대 경문왕	866		1					1	
	868		1					1	
	874	1						1	
49대 헌강왕	879		1						1
50대 정강왕	887		1					1	
51대 진성여왕	889				3				
	892	1					1		
	894				1				
	896	1			1		2		

결국 이들의 권력투쟁에 이어 집권한 진성여왕 및 이후 효공왕, 신덕왕 대에 발생한 경제 위기는 신라 사회를 계속해서 괴롭히지만 더이상 국가는 국민을 책임져줄 수 있는 처지가 못되었다. 이로 인해 국가의 붕괴는 더욱 가속도를 내게 되고, 백성들은 살길을 찾아 각 호족들에게 의탁하는 일이 다반사로 발생했다. 이는 일종의 악순환이었다. 국가의 부는 줄어들기 시작하자 가파른 속도로 급감하고, 그에 반해 야심 있는 각 지역의 호족들은 이탈된 인구를 흡수하면서 오히려 더 힘을 키워 중앙정부를 넘어서는 정도에까지 이르기 때문이다.

결과는 우리가 이미 다 알고 있는 그대로이다. 실력주의자 진훤과 사회혁명가 궁예에 이어 송악의 호족 출신인 왕건이 '포용의 정치'를 표방하면서 강대한 지역별 호족들을 하나하나 포섭하여 고려라는 신국가 체제 내로 흡수하고, 마침내 918년 폭넓은 호족공동체적 국가체제를 만들어내는 데에 성공한다. 신라까지 항복을 받아 완전한 통일을 이루는 것은 그리고도 17년이 더 흐른 935년의 일이다. 그리고 여전히 새로운 기득권층으로 떠오른 호족들에게 분산된 권력과 부를 오로지 국가로 귀속되게 만드는 최종 작업은 왕건의 아들인 광종 왕소가 떠맡게 되는 것이다.

이러한 현실을 제대로 읽지 못하고 표면적인 사유만 본 것은 『삼국사기』의 저자 김부식이었다. 그가 생각한 신라의 멸망 원인은 다음과 같았다.

부처의 법을 받들어 그 폐단을 알지 못하였다. 마을에 탑과 절이 즐비하고, **백성들이 승려가 되어 달아나 병사와 농민이 점차 줄어들어 나라가 날로 쇠약해지니**, 어찌 어지러워지고 멸망하지 않겠는가.

그는 겉으로 드러난 불교를 문제 삼았지만, 사실 왜 백성들이 승려가 되어 달아나야 했는지 바로 그 까닭을 직시했어야 한다. 실제 현상은 그들이 경제적 몰락으로 인해 어쩔 수 없이 생활 터전을 떠나야 했던 불가피한 사정을 말해주고 있었다. 멀쩡히 정상적인 경제 생활이 가능했다면 굳이 기존의 터전을 버리고 떠날 필요가 없었을 것이 당연하기 때문이다.

문제는 말 그대로 경제였다. 부유층에 극단적으로 편중된 부는 사회 양극화를 초래했고, 이로 인해 국가가 제공했어야 하는 사회안전망이 제대로 가동되지 못하자 경제난에 직면한 사회 하층민들은 봉기하는 것 외에는 달리 방법이 없었다. 곧 세력가들에게 부의 편중이 심화하면서 국가 재정의 대부분을 책임지는 자영농층이 붕괴할 수밖에 없었고, 이는 곧 국가 기반의 약화로 이어지는 결과를 낳고 말았다. 현대적인 자본주의 체제가 아니더라도 소수 권력층의 부에 대한 탐욕이 만들어내는 사회의 구조적 모순인 것이다. 심각한 사회 불평등은 곧 그 사회가 감내할 수 있는 경제적 탄성의 복원력을 깨뜨림으로써 신라의 붕괴를 초래한 가장 큰 요인이 되었다. 그리고 무너진 질서 속에서 지방 호족들이 국가의 거버넌스를 대신해서 지역민들을 적극 수용하고 세력화하여 서로 간에 치열한 합종연횡을 거쳐 새로운 질서를 만들어냄으로써 고려의 개국으로까지 이어지게 된다.

신라의 뒤를 이은 고려는 신라 말기의 온갖 폐해들을 반면교사 삼아 새로운 사회를 구상하였다. 골품제 타파를 통해 신분별 상한을 공식적으로 없앴고, 과거제 도입을 통해 중앙정부를 중심으로 하는 문치를 확립시켰으며, 지속해서 지방 통제를 강화하여 일원된 행정체계를 구축하는 데 힘을 기울였다. 그리고 결정적으로 부의 극단적 편중을 국가가 직접 나서서 조정하는 형태로 기초적이나마 해결하는 데에 성공함으로써 고려는 다수의 중산층에 기반을 둔 안정된 사회로 정착할 수 있었다. 중산층이라는 안정적 기반이 갖추어져야지만 그 사회는 적절한 균형을 이룰 수 있다는 점을 신생국가 고려를 설계한 태조, 그리고 이를 물려받아 반석 위에 올린 광종은 잘 알고 있었다. 다만 이 둘의 후손들 역시 시간이 흐르면서 신라 말기와 똑같은 사회적 모순을 겪는 점은 역사의 역설이라면 역설일 것이다.

정치가 정상적으로 작동하는 동안에는 이러한 불평등의 이슈를 지속적으로 해소해나갈 수 있어서 단지 그 몰락의 시간을 지연시킬 수는 있다. 왜 광종이 그토록 비난을 감수하면서도 개혁에 집중하였는지는 바로 이러한 시대적 배경을 기반으로 생각해보면 알 수 있다. 그가 마음속 깊이 뜻한 바는 바로 신라를 반면교사 삼아 고려를 새로운 천 년 제국으로 갈 수 있는 궤도 위에 올려놓는 것이었음은 물론이다.

제 6 장

※

개혁의 광풍 이후

968년, 광종은 홍화사(弘化寺), 유암사(遊巖寺), 삼귀사(三歸寺) 등을 창건하였다. 세간에서는 광종이 참소를 믿고 사람을 많이 죽였으므로, 속으로는 스스로 회의를 느껴 죄악을 씻어보고자 재회(齋會)를 널리 베풀었다고 믿었다. 재회란 중들이 모여 독경과 불공으로 죽은 사람들을 제도하는 일이나 사람들이 모여 중들을 공양하는 것을 말하는데, 이에 무뢰배들이 거짓으로 출가하여 배를 불리고자 하였고, 구걸하는 자들도 줄지어 모여들었다고 한다. 가끔 떡과 쌀, 콩과 땔감을 수도와 지방의 길거리에서 나누어주곤 하였는데 그 수를 헤아릴 수 없을 지경이었다. 방생소(放生所)를 많이 설치하고 근처 사원에 나아가 불경을 강독하게 하였으며, 도살을 금지하여 왕실 주방에서는 왕의 반찬으로 쓸 고기는 시장에서 사들여 올리도록 하였다.

이는 사실 광종의 복지정책이었다. 정적들은 이러한 광종의 행동을 이해하지 못하고 "남을 헐뜯는 말을 믿고 죄 없는 사람을 많이 죽이고는 불교의 인과응보 설에 현혹되어 자신의 죄과를 없애고자 하여 백성의 고혈을 짜내어 불교사업을 많이 일으켰다"라고 공격하였지만, 그건 겉으로 드러난 모습 일부분을 확대해석한 것에 불과했다. 그의 행동은 사회적 약자를 대상으로 한 빈민구제의 측면이 훨씬 강했다. 광종에 대해 부정적이었던 최승로의 당시 목격담이다.

구정(毬庭)에서 승려들에게 음식을 공양하기도 하였으며, 어떤 때는 귀법사(歸法寺)에서 무차회(無遮會)와 수륙회(水陸會)를 열기도 하셨습니다. 매번 부처에게 재를 올리는 날이 되면 반드시 걸식하는 승려들을 공양하셨고, 때로는 내도량(內道場)의 떡과 과일을 걸인에게 내어주셨습니다. (중략) 또 살생을 금지하여 왕실 주방에서의 고기반찬은 요리사에게 짐승을 도살하지 못하게 하고 시장에서 사서 바치게 하셨습니다. 더욱이 대소 신민들이 모두 다 참회하도록 하여, 쌀과 잡곡·땔나무와 숯·건초와 콩을 메거나 지고서 서울과 지방의 길에서 거저 주게 한 것이 헤아릴 수 없습니다. 이때에 이르러 자식이 부모를 등지고, 노비가 주인을 배반하며, 여러 범죄자는 변장하고 승려 및 떠돌아다니는 거지의 무리가 되어 여러 승려와 함께 와서 서로 섞여 재 올리는 곳으로 나오는 자 또한 많았으니 (…)

걸식하는 승려들을 구제하고, 거지들에게 혜택을 베풀었으며, 궁정 음식의 재료는 굳이 자체조달하지 말고 시장에서 구매토록 함으로써 작게나마 시장의 활성화에도 신경을 썼다. 게다가 신하들을 동원해 전국적으로 빈민 대상으로 곡식은 물론 각종 생활용품까지 무료 배포하게 하였으며, 절을 중심으로 빈민구제 활동을 지속해서 펼쳤다. 이렇게 광종은 국가 차원에서의 복지정책을 전면적으로 시행하였다.

광종의 관심사는 튼튼한 중산층 계급의 부활이었다. 가만히 놔두면 구조적으로 세력가인 호족들에게 편중될 수밖에 없는 부를 그는 인위적 개입을 통해 적절히 분배하는 시스템을 만들기 위해 고심했다. 노비안검법을 통한 공개적인 노비 해방의 길을 연 것도, 전시과라는 토지제도 개혁을 준비하여 시스템에 따른 부의 분배를 공식화한 것도 모두 그 연장선상에서의 일들이었다. 광종은 이제 사회 하층민들을 대상으로 한 사회안전망을 만드는 일에 착수한 것이다.

최승로는 광종이 궁에 소속된 노비를 불교사업에 전적으로 투입하였다고 불평을 털어놓았는데, 이는 각종 복지사업에 활용 가능한 모든 자원을 투입하였던 사실을 간접적으로 증언해주는 것이다. 태조 때만 해도 궁궐 소속 노비는 일이 없을 때에는 궁 밖에 살면서 토지를 경작하고 세금을 내게 하였는데, 광종은 그런 세수 확보에는 관심도 가지지 않고 오로지 비용 지출에만 매진하는 듯이 보였기에 최승로처럼 재정 건전성에 높은 가치를 두는 보수적 학자로서는 광종이 이해되지 않았을 것이다.

예나 지금이나 소외계층에 대한 복지정책은 과도한 재정지출을 일으킨다고 하여 보수층은 이에 지극히 부정적일 수밖에 없고, 최승로 역시 범죄자들까지도 이런 무상복지의 혜택을 입는다며 반대의견을 개진한 것이다. 물론 절대 틀린 말은 아니지만, 광종은 그러한 재정지출 최소화를 통한 선별적 복지보다는 지출 확대와 적정 수준에서의 보편적 복지를 시행하는 쪽으로 포커스를 맞추었다.

이는 결코 자신의 죄과를 종교적 행동으로 용서받기 위함이 아니었다. 그것은 그의 일종의 신념이었다. 광종은 강자에게는 약하고 약자에게 강한 그런 소인배가 아니었다. 진정 그는 강자에게는 더욱

강하게 대하고 약자에 대해서는 한없이 약한 모습을 보이는 보기 드문 인물이었다.

　그래서 다음과 같은 최승로의 평은 결코 틀린 것이 아니었다.

　(광종은) 예의를 갖추고 아랫사람을 접하셨고, 분별력을 잃지 않고 사람들을 판단하였습니다. 종친과 귀족이라고 치우치지 않았고, 항상 세력이 강한 자들을 멀리하였습니다. 먼 친척이나 천한 사람이라고 꺼리지 않았고, 사회적으로 불쌍한 이들에게 은혜를 베풀었습니다. 즉위한 해로부터 8년까지 정치와 교화가 청렴하고 공평하였으며, 형벌과 상이 법도에 어긋나지 않았습니다.

　광종은 변한 것이 아니었다. 그는 최승로의 말마따나 처음부터 강자에게 강하고 약자에게 약했을 뿐이었다. 광종에게 비판적이었던 최승로가 평한 초기 광종의 모습은 후기에도 별반 다르지 않았다. 달라진 것이라고는 강자에게 초반에 강하게 대하지 않은 위장을 치세 중반에 걷어치웠다는 것뿐이었다.

　사람은 보고 싶은 현실만을 본다. 광종의 치세 초기 온건한 모습을 보면서 호족과 귀족들은 자신들과 한 편이라고 믿어 의심치 않았다. 그래서 광종의 처음 8년은 그들에게 태평천하와도 같은 시기였다. 하지만 광종은 그들의 기대와 달리 현실을 냉철하게 두 눈을 뜨고 지켜보고 있었다. 그가 행동에 나섰을 때 그래서 사람들은 그가 변했다고 생각했다. 그리고 광종이 궁극의 목표를 향해 달려나가자 그들은 그가 미쳐버렸다고까지 했다. 보고 싶지 않은 현실을 마주했을 때 사람은 현실을 부정하고 분노하고 체념한다. 광종은 이들을 상대로 처음부터 끝까지 자신이 원하는 경기장에서 자신이 정한 규칙대로 말 그대로 일방적인 경기를 벌인 셈이었다.

972년 가을 8월에 전격적으로 사면을 발표하였을 때에도 이를 광종의 화해의 제스처로 이해한 사람은 많지 않았을 듯하다. 그러거나 말거나 광종은 자신의 뜻대로 계속 밀고나갔다.

이제 광종의 가장 마지막 개혁이 시도되었다. 바로 토지제도의 개혁이었다. 973년 12월, 토지제도와 관련하여 다음과 같이 결정한 내용을 공표되었다.

진전(陳田)을 개간하여 경작하는 사람에게는, 그 토지가 사전(私田)이면 첫해에 수확한 것을 전부 지급하고 2년째에는 처음으로 토지 주인과 절반씩 나누도록 하며, 그 토지가 공전(公田)이면 3년을 기한으로 하여 수확한 것을 전부 지급하고 4년째에 처음으로 법에 따라 세금을 거두도록 한다.

진전은 장기간 경작하지 않아 황폐해진 토지를 말하는데, 이 조치는 죽은 토지를 개간하는 농민에게 인센티브를 제공한다는 내용이었다. 즉 개인 소유의 버려진 토지를 경작하면 첫해 수확은 경작자가 모두 가지고 다음 해부터 토지 주인과 5:5로 나눠 갖는다는 것으로, 그것이 국가 소유의 토지라면 3년 동안은 경작자가 모두 갖되, 4년 차부터 법대로 세금을 부과한다는 것이었다. 광종의 실리적인 경제부흥정책이 엿보인다. 다만 광종에게는 이 개혁을 마무리 지을 시간적 여유가 주어지지 않았다.

이는 3년 후 발표되는 전시과(田柴科)의 사전 준비작업이었다. 976년 11월 광종의 아들 경종이 발표하는 전시과는 고려 최초의 전국적인 토지제도 정책이었다. 이를 집권 1년 만에 제정했을 리는 만무한 일이다. 이때의 전시과가 광종의 관료 복식규정을 기준으로 하여 지급 대상이 정해졌다는 사실은 자연히 그것이 광종의 정책에 기반하고 있음을 역으로 입증해주는 것이다. 즉 이미 광종이 오랜 기간 준비해온 토지제도 정책을 최종 정비하여 경종이 제정한 것으로 봄이 타당하다. 다만 경종의 손을 거치면서 얼마나 수정이 가해졌는지는 오늘날 알 수는 없다. 다만 후대에는 경종이 급하게 발표하느라 세부적인 것들을 제대로 정리하지 못한 까닭에 토지제도가 복잡해지고 정상적인 운영이 어려워졌다는 지적을 한다.

간략하게 이때의 전시과에 대해 살펴보자. 최초의 전시과는 공식적으로는 관리로서의 등급은 따지지 않고 단지 인품(人品)으로만 이를 정하였다고 하지만 꼭 그렇지만은 않았다. 원윤(정6품) 이상에 대해서는 특별 지급분이 따로 있었기 때문이다. 어쨌든 초기 전시과의 대상은 문반, 무반, 잡업에 이르기까지 다양했으며, 기본적으로 18등급으로 나누어 곡물을 수취할 수 있는 전지(田地)와 땔감을 얻을 수 있는 시지(柴地)를 주었다. 그래서 앞글자 둘을 따서 전시과라고 부른 것이다. 이때 지급된 토지는 실물로 소유권을 준 것이 아니라, 수조권(收租權), 즉 실제 토지 주인으로부터 조세를 국가 대신 걷는 권한만 갖는 방식이었다. 관직 복무와 직역에 대한 대가로서 지급되었기 때문에 이 토지를 받은 자가 죽거나 관직에서 물러날 때에는 토지를 국가에 반납하는 것이 원칙이었다.

이처럼 중세사회의 토지제도가 처음으로 정비되었다는 데에 큰 의미가 있다. 이후 전시과는 목종 때 개정전시과, 문종 때 경정전시과로 최종 확정된다. 고려 말기로 접어들면 이 제도 자체가 점차 붕괴하면서 결과적으로는 조선의 개국으로 이어지는 계기가 되고 만다.

이에 대한 이제현의 평을 한번 들어보자.

> 삼한의 땅은 사방에서 배와 수레가 모여드는 곳이 아니므로 물산이 풍족하거나 재화가 모여 이익이 남지 않으니, 백성의 생계는 그저 토지의 생산력에 있을 뿐이다. 그러나 압록강 이남은 모두 산이니 해마다 농작물을 심을 수 있는 비옥한 토지가 거의 없기에, 경계를 제대로 정하지 못한다면 그 손해는 중국보다 훨씬 클 것이다. 태조는 쇠약하고 혼란스러운 신라와 사치스럽고 사나운 태봉(泰封)의 뒤를 이어 나라를 세웠으니, 모든 일이 처음 하는 것들이었고, 날마다 바빠서 다만 구분법(口分法)만 만들 수 있었을 뿐이었다. 그 후 4대를 거쳐 경종이 전시과를 만들었으니 비록 소략하긴 하지만 한편으로 옛날 방식을 되살린다는 취지였다. 하지만 구체적인 방법론을 정할 새가 없어서, 훗날 여러 번 이를 정리하고자 하였으나 끝내 어지럽게 되어버렸다. 안타깝게도 처음에 틀을 제대로 잡지 못했던 까닭이 크다.

지금도 마찬가지이지만 토지는 고대사회부터 가장 중요한 부의 원천이었다. 이를 어떻게 운영하느냐에 따라 그 사회의 안정과 번영이 결정되었다. 광종의 기본 설계안은 알 수 없지만, 전체적인 틀을 잡고자 하였다는 의도와 함께 집권 초기부터 원보 식회에게 지방의 세금액수를 정하게 하는 등 오랜 기간 준비하고 검토해온 결과물임은 잘 알 수가 있다. 이의 운영을 위해 지방의 세금 액수를 정하고 유휴지를 개간토록 하는 점진적인 경제체제를 구축하고자 노력해왔다는 점도 알 수 있다. 하지만 안타까운 점은 광종이 이러한 토지 개혁을 스스로 마무리 짓지 못한 까닭에 반대파들의 공작으로 결과적으로 그가 기대하였던 수준의 개혁을 달성하지는 못하였다는 사실이다.

그리고 광종의 치세 막바지인 974년, 서경에서 연가(緣可)가 반역을 꾀하다가 처형당하였다. 광종 치세 중 마지막 반란 시도였는데, 정확한 사정은 알려져 있지 않다. 그를 거사(居士)라고 부르고 있는데, 이는 숨어 살면서 벼슬을 하지 않은 선비나 출가하지 않은 불교 신자를 폭넓게 지칭하는 표현이어서 그가 누구인지, 왜 반란을 꿈꾸었는지는 전혀 알 길이 없다. 국가의 공식기록에 기재될 정도면 규모가 어느 정도 있었다는 이야기인데 안타깝게도 이를 추정해볼 만한 근거가 전무하다. 서경이라는 장소의 특수성은 있으나, 광종의 서경 천도 전면 백지화에 불만을 품고 행동한 것으로 보기에는 시간이 너무 많이 흘렀다. 혹은 광종에 의해 숙청당한 세력과 연관이 있을 수도 있지만, 구체적인 정황은 알 수가 없다. 광종 치세의 풀리지 않는 수수께끼 같은 사건이다.

이 미궁의 사건과 함께 광종의 치세는 드디어 막바지에 다다른다.

제 7 장

광종의 죽음 그리고
보수의 반격

광종이 시작한 개혁은 그의 치세 동안에는 결코 잠시도 멈추지 않고 끈질기게 지속할 수 있었으나, 그는 생전에 자신의 동조자이자 후계자를 찾는 데에 사실상 실패하였다. 그는 자신의 사후 벌어질 일을 진작부터 걱정해왔다.

아들 왕주는 아마도 그가 자신의 혈통인지 의심하면서부터 관계가 삐끗하였던 모양인데, 그를 대체할 수 있는 또 다른 자식이 없다는 점이 그에겐 불행이었다. 자신의 조카이기도 한 문원대왕 왕정의 아들 천추전군(千秋殿君)이 자신의 맏딸 아지(阿志)와 결혼했으니 후계자가 될 수도 있었을지 모르나 어떤 사유에서인지 그 역시 요절하고 말았다. 친형인 정종과 이복형인 혜종의 자식들은 자신이 앞서서 처단했기에 대상으로 삼을 수도 없었다. 그나마 막내딸 문덕왕후가 훗날 성종이 되는 왕치와 결혼한 사이였는데 그녀는 끝내 자식을 낳지 못했다. 결국 시간은 대목왕후와 그녀의 아들 왕주의 편이었다.

975년 여름 5월, 광종이 병으로 쓰러졌다. 그리고 이달 23일에 세상을 떴다. 왕위에 있은 지 26년이며 나이는 51세였다. 그런데 51세라는 나이는 혜종이나 정종보다는 훨씬 오래 산 것이지만 아버지 태조보다는 한참 젊을 때이기도 했다. 그는 근친혼을 처음 하긴 했지만, 자신이 근친혼을 통해 태어난 것은 아니었기 때문에 유전적으로 문제가 있지도 않았다. 그래서 그 역시 암살을 의심하기도 하는데, 중세시대는 아직 그렇게 의학이 고도로 발전된 사회는 아니었기에 꼭 그렇게 의심할 일은 아닐 듯하다. 26년이라는 긴 세월 동안 고려의 안착을 위해 온갖 고뇌와 갖은 노고를 다하면서 심신이 남들보다 좀 더 빨리 소진된 것일 수도 있기 때문이다.

그의 묘호는 '광종(光宗)'으로 정해졌다. 뜻은 '빛의 군주'이긴 하지만 사실상 이를 선정했을 때에는 그의 반대세력들이 권력을 차지한 상황이었기에, 한자는 '빛 광(光)'을 사용하였지만 실제로는 내심 '미칠 광(狂)'이 연상되도록 동음이의어를 사용하였던 것으로 보인다. 반(反) 광종 세력들에게는 그의 묘호로 사용한 '광종(光宗)'을 보면서 '빛의 군주'가 아닌 '미친 군주'로 눈에 들어왔을 것이다. 후대의 조선에서 광해군(光海君) 역시 같은 광(光) 자를 썼는데 혹 마찬가지 방식으로 당시에는 받아들여졌을지도 모르겠다.

광종의 시대를 직접 살았던 최승로는 광종의 치세를 초기 949년~956년의 8년과 후반인 960~975년의 16년으로 구분하였다. 중간의 957~959년 3년간은 일종의 과도기로 봤던 모양이다. 그의 평을 한번 들어보자.

광종이 처음 즉위했을 때에는 신하를 예절로 대우하고 정사 처리에 밝았으며, 가난하고 약한 자를 돌보고 선비들을 존중하였습니다. 밤낮으로 게으르지 않았으니 거의 치평(治平)에 이르렀는데, 다만 중반 이후로는 참소를 믿어 사람들을 많이 죽였고 지나치게 불교를 믿었으며 무절제한 사치에 빠졌습니다.

광종에 대해 지극히 비판적이었던 최승로조차도 광종의 기본 자질에 대해서는 의심하지 않았다. 보수주의자 최승로는 광종 치세의 초기 1/3에 대해서만큼은 태평성대로 여겼다. 군주가 모든 일을 신하들과 상의해서 결정하고 추진하는 조화로운 형태의 정치를 그는 이상적으로 생각했기 때문이다. 분명 타당한 생각이다. 만약 이때가 평화로운 시기였다면 최승로의 주장은 그대로 받아들여도 전혀 문제가 없었을 것이다.

하지만 광종이 처한 현실은 최승로의 문제의식과는 조금 달랐다. 그는 바로 직전의 두 국왕의 비명횡사를 목격했을 뿐만 아니라 직접 관여한 당사자이기도 했다. 그는 아직 고려의 국왕이란 자리가 얼마나 허약한 존재인지를 너무도 잘 알고 있었다. 그에게는 한가하게 신하들과 토론하며 국정을 운영할 수 있는 그런 안정적 환경이 구축되어 있지 않은 상황을 불안하게 여겼다. 그래서 그는 자신의 후대를 위해서라도 왕권을 뛰어넘는 구 호족세력들을 제압하고, 나아가 고려를 반석 위에 올려놓기 위한 국가적 비전을 제시하는 장기 프로젝트를 추진하였다.

그것이 곧 국왕에게 힘이 집중되어 있어 신하들은 동등한 토론의 대상이 아닌 국왕의 명령을 받아 수행하는 실무자들로 포지셔닝되는 국가 시스템이었고, 이를 통해 장기적으로 국왕과 신하가 대를 거듭해 교체되더라도 국가는 정상적으로 그리고 안정적으로 운영되도록 하는 것이 그의 목표였다. 궁극적으로 그가 꿈꾼 이상적 모델은 절대군주가 다스리는 태양의 제국 바로 그것이었다.

그는 이를 위해 손에 피를 묻히는 일조차 서슴없이 저질렀다. 마치 마키아벨리가 『군주론』에서 응당 군주라면 해야 할 일들이라고 묘사했던 바를 알고 있었던 것처럼 말이다. 그는 그렇게 고려를 자신의 사후에도 잘 굴러갈 수 있도록 최선을 다해 안정화하려고 노력했다. 다만 그가 없는 고려가 그가 설계한 대로 반드시 그렇게 되리라는 보장은 없었지만 말이다.

경종(景宗)은 아직 광종이 본격적인 개혁 드라이브를 걸기 전인 955년에 태어났고, 10년 후인 965년에 태자가 되었으며, 또다시 10년 후인 975년 5월 23일에 광종이 세상을 뜨자 21세의 젊은 나이에 곧바로 국왕으로 즉위하였다.

그는 광종의 맏아들이라고 되어 있는데, 945년 이전에 광종이 대목왕후와 결혼하였을 것이니 10년 이상의 기간 동안 자식이 없었다고 하는 것은 납득하기 어렵다. 심지어 다섯이나 자식을 생산할 정도로 건강했던 부부였으니, 아마도 누이들이 먼저 태어났고 그다음 태어난 두 아들 중에서 맏이라고 표현한 것이라고 이해할 수 있을 것이다. 그에게는 효화태자라는 남동생이 있었는데, 광종 치세 중에 요절한 것으로 보인다.

```
─ 아버지 : 광종 왕소
─ 어머니 : 대목왕후 황보 씨
─ 형제자매 : 동생 효화태자(성명 미상, 요절) 및 천추전부인, 보화궁부인, 문덕왕후(제6대 성종의
   아내)
─ 배우자 : 헌숙왕후 또는 헌승황후(신라 경순왕의 딸), 헌의왕후(광종의 동생 왕정의 딸),
   헌애왕후(대종 왕욱의 딸), 헌정왕후(좌동), 대명궁부인(제6비 정덕왕후의 아들인 원장태자의 딸)
─ 자식 : (헌애왕후) 왕송(제7대 목종)
```

경종의 가족 구성은 조금 복잡하다. 광종이 첫 근친혼을 한 이래
그의 아들 경종도 복잡한 근친혼을 하게 되기 때문이다. 우선 부인
은 총 다섯 명인데, 첫째인 헌숙왕후는 신라 경순왕 김부의 딸이다.
이는 별로 문제 될 게 없어 보이지만, 사실 경종의 고모인 낙랑공주
가 경순왕과 이미 결혼한 사이여서 족보가 꼬이는 문제가 발생한다.
또 헌의왕후는 작은아버지의 딸이니 조카와 결혼한 셈이다. 그리고
헌애왕후와 헌정왕후는 어머니 대목왕후의 오빠가 낳은 딸로 자매
사이이고, 대명궁부인도 태조의 핏줄이 섞여 있는 관계이다.

경종의 가족구성은 한 마디로 근친혼의 집대성과 같았다. 별다른
정권 위협이 없었음에도 그의 수명이 유난히 짧고 또 여자를 좋아했
던 것에 비해 자식은 불과 한 명뿐인 데에는 다 그만한 이유가 있었
을 것이다.

여담이지만, 여기에서 헌애왕후와 헌정왕후는 알아둘 필요가 있
다. 왜냐하면 각각 제7대 목종의 어머니, 제8대 현종의 어머니가 되
기 때문이다. 다만 이 둘의 결말은 달랐다. 헌애왕후는 일명 '천추태
후'라는 이름으로 고려사회를 휘어잡는 권력자로 군림하지만, 헌정왕
후는 안종 왕욱과의 불륜으로 자식을 낳고는 그로 인해 죽고 만다.

경종에 대한 평가는 딱히 좋은 것은 아니다. 그는 천성이 총명하였고, 온화하고 어질고 착했으며, 놀러 다니는 것을 좋아하지 않았다는 것이 칭찬의 전부이다. 하지만 그는 즉위하고 얼마 후부터는 국왕으로서의 정무를 싫어하게 되어 게을러져서 날마다 놀러 다니고 음악과 여색에 빠졌으며 바둑을 즐겼고, 소인들과 친밀히 사귀면서 군자를 멀리하였다. 이로 말미암아 정치와 교화가 쇠미하게 되었다는 평가다.

경종은 즉위하자 곧바로 크게 사면령을 내려 유배 중인 사람들을 돌아오게 하였고 죄수를 풀어주었으며 억울하게 연루된 이들을 복권해주었다. 벼슬길이 막혀 있던 이들을 발탁하고 관작(官爵)을 회복시켰으며, 부채를 면제해주고 세금을 감면시켜주었다. 임시 감옥을 헐고 수천 명을 석방하였고, 여러 해 동안 축적된 밀고서들을 모조리 불살라버렸다. 광종 사후 경종이 즉위하였을 때에는 이미 공신과 장군들은 대부분 밀고로 인해 죽임을 당했고, 오랜 공신 중에 살아남아 있던 이는 불과 40여 명뿐이었다고 한다. 이에 경종의 관대함과 인자함에 전국에서 크게 기뻐하였다.

그런데 경종은 굳이 그럴 필요가 없었음에도 여기서 한 걸음 더 나아갔다. 공식적으로 복수를 허용하는 정책을 발표한 것이다. 복수의 대상은 당시에 젊은이(後生)로 표현된 광종의 신진세력들과 광종 치세에 밀고를 적극적으로 활용했던 이들이 되었다. 이는 수많은 문제를 낳게 되는데 심지어 태조의 직계 왕자로 왕실의 어른들까지도 피를 볼 정도로 부작용이 너무나 컸다. 경종의 섣부른 판단이 부른 대참사였다. 이 복수는 무려 1년을 끌다가 겨우 멈춰지게 된다.

그런데 그렇다고 경종이 반드시 반광종 정책으로만 일관하였던 것은 또 아니다. 그는 뜻밖에 아버지의 정책들을 상당 부분 받아들이고 지속해나갔다.

976년 2월, 문무 양반의 묘지의 크기를 정하였다. 이는 광종이 관리들의 복식을 규정하였던 것과 일맥상통한다. 즉 관등에 따른 상하 구분에 대한 규칙을 만들어 관리들을 조직적으로 통제하는 시스템을 지속하고 있음을 말해준다.

또 이해 11월에는 광종의 정책을 이어받아 관리 대상의 토지제도인 전시과(田柴科)의 제정을 발표했다. 치세 초기에 그렇게 단시일 내에 마련할 수 있는 규모의 정책이 아니었던 만큼 이는 분명 광종이 오랜 기간 준비해온 정책을 마무리한 작업으로 봐야 한다. 그리고 몇 달 후인 977년 봄 3월에는 고려 초기부터의 개국공신 및 중도에 고려에 귀순한 성주(城主) 등에게 훈전(勳田)을 50결부터 20결까지 차등 있게 하사하는데, 전시과 제정 이후의 후속 조치였던 것 같다.

뿐만 아니라 광종의 야심작이었던 과거제도도 지속해서 시행하였는데, 977년 봄 3월에는 경종이 직접 과거시험을 주관하기까지 하였다. 자칫 불씨가 꺼질 수도 있었던 관직 등용 시스템은 이렇게 끈질긴 생명력을 이어나갈 수 있었다.

그리고 980년 여름 4월, 정부에서 공식적으로 이자율을 정하였다. 쌀 15말에 대한 이자는 5말, 베 15자의 이자는 5자로 확정함으로써 민간에서의 과도한 이자 수취를 엄금했는데, 지금의 연리 개념으로 계산해보면 33.3%에 해당하는 이자율이었던 셈이다. 이는 오늘날로 치면 일종의 법정이자율 제도로, 당연히 약자인 채무자 보호정책으로 볼 수 있다. 왜냐하면 이 이자율은 결국 이자 상한제이지 최소한 이만큼을 받으라고 규정한 채권자 권리 강화 정책이 아니기 때문이다. 이처럼 광종이 추구했던 사회적 약자를 보호한다는 사상은 경종 치세에도 이어졌다.

광종이 시작한 개혁의 수레바퀴는 관성이 생겨서 보수적인 반동세력들도 막지 못했다. 그것이 광종이 노린 시스템의 힘이었다.

976년, 집정(執政), 즉 재상인 왕선(王詵)을 지방으로 추방하였다. 경종이 일찍이 광종 때 참소를 당했던 사람의 자손이 복수하는 것을 허락하였더니, 결국엔 서로 멋대로 죽이는 바람에 다시 원통하다는 목소리가 터져나왔다. 이때에 왕선이 복수를 핑계로 거짓으로 경종의 명을 빌어 태조의 아들인 천안부원군(天安府院君)을 죽이자, 이에 경종은 왕선을 쫓아내고 마침내 일체의 복수를 금지하였다.

역사상에는 천안부원군이 존재하지 않는데, 혹 태조의 제11비인 경주 출신의 천안부원부인 임씨가 낳은 효성태자(孝成太子) 왕주림(珠琳)이나 성명 미상의 효지태자(孝祗太子)를 지칭하는 것이 아닐까 싶다. 만약 효성태자 왕주림을 의미하는 것이라면, 그는 정종의 하나뿐인 딸과 혼인한 사이로, 정말 보통 대담한 짓을 벌인 것이 아니었다. 아무리 경종이 아버지 광종이 한 일을 무효화하기 위해 보복을 허용하였다지만 이 정도면 도를 넘어선 것으로 판단하여 중지시킬 만했다.

천안부원군 외에도 진주낭군(鎭州郎君) 역시 이때 같이 살해당했다. 그의 이름은 알 수 없는데, 태조의 아들 중에 진주 출신은 원녕태자(元寧太子)밖에 없어서 아마 그가 진주낭군이었을 가능성이 있다. 아들이 있었던 것을 보면 나이도 어느 정도 있었을 텐데 당시 얼마나 복수극이 과열되었는지 눈에 보이는 듯하다.

이들이 제거된 이유는 아마도 과거 광종 정권에 협력적이었기 때문일 텐데, 이들의 지역기반은 각각 천안과 진주, 즉 충청도에서도 서로 맞닿아 있던 곳이었다. 천안은 임언의 딸인 제11비 천안부원부인, 진주는 임명필의 딸인 제10비 숙목부인의 근거지였고, 둘 다 임씨(林)라는 공통점이 있다. 혜종의 장인인 임희 역시 진천 출신이고, 혜종의 후원자 박술희는 오늘날 충남 당진이 고향이었다. 역시 서로 멀지 않은 지역들이다. 이로 추정컨대 광종은 혜종 때의 인사들도 일정 부분 자신의 정권에 참여시켰던 것으로 보인다. 자신과 형 정종이 쿠데타를 통해 배척한 이들이라고 해서 완전히 내친 것이 아니라 어느 정도는 다시 포용하였던 것을 알 수 있다. 그것이 결국엔 아들 경종 때 제거의 원인이 된 것은 비극이지만 말이다.

이쯤에서 한번 최승로의 평을 들어보자. 정치가로서의 경종은 낙제점이라는 평가였다.

정치의 도리를 잘 알지 못해서 권세가와 호족들에게 오로지 정권을 맡기셨으므로, 피해가 종친에게까지 미쳤습니다. 재앙의 징조가 먼저 나타나, 비록 뒤에 깨닫고 뉘우치셨으나 책임을 돌릴 길이 없었습니다. 이로부터 거짓과 참됨이 분별되지 않고 상벌이 일치하지 않아 잘 다스려지지 못하였습니다.

집정 왕선의 빈자리는 곧바로 채워졌다. 순질(荀質)과 신질(申質)을 각각 좌집정(左執政)과 우집정(右執政)으로 삼아 모두 내사령(內史令)을 겸하게 하였는데, 한 명이 아닌 두 명으로 집정을 분리하였다는 것은 일종의 권력 분산을 목적으로 하였던 것인 듯하다. 순질은 참고로 955년 후주에 사신으로 파견되었던 인물이다. 당시 광평시랑이었으니 25년의 세월이 지나면서 이만큼 승진한 셈이다.

그리고 원보(종4품) 위수여(韋壽餘)를 측근인 지어주사(知御廚事)로 임명하였다. 지어주사는 어주(御廚), 즉 왕실의 주방을 책임지는 자리였는데, 아마도 항상 국왕 근처에 있어야 하는 위치여서 믿을 수 있는 인물로 지명한 것 같다. 그는 이후 성종 때는 별다른 모습을 보여주지 못하다가 목종 때에 승진을 거듭해 현종 대에 가서는 국무총리격인 문하시중까지 오른다.

정확하진 않지만 아마도 이로부터 얼마 후인 11월에 전시과라는 토지제도 개혁을 끝내고 나서부터 그는 정치에 관심을 잃었던 것 같다. 최승로의 평가이다.

다시 정사에 태만하였으며, 마침내 여색에 빠지게 되고, 음악 연주를 즐겨 관람하다가 장기와 바둑으로 이어져 종일 해도 싫증 내지 않았습니다. 곁에는 오직 내시들뿐이었습니다. 이로 말미암아 군자의 말은 전해질 길이 없어지고, 소인배의 말만 항상 따르게 되었습니다.

이후로 한동안 경종의 활동은 외교관계를 제외하고는 이렇다 할 만한 것이 발견되지 않는다. 다만 그에 대한 쿠데타 시도는 유념해서 살펴볼 필요가 있겠다.

980년에 경종은 광종 때부터 유배 중이던 최지몽을 복권해 대광(정2품) 내의령(內議令) 동래군후(東萊郡侯) 주국(柱國)으로 삼았다. 최지몽이 이보다 10년 전인 970년에 유배형에 처했던 것은 그럴 만한 일이 있었기 때문이었다. 당시 광종이 여느 때처럼 귀법사(歸法寺)에 행차하였다. 이때 최지몽이 광종을 따라갔는데, 술에 취해 예를 범하여 외걸현(隈傑縣, 장소 미상)으로 귀양보내졌다. 무슨 실수를 한 것인지는 정확히 알 수 없지만 혹 광종과 그의 형 정종이 즉위할 수 있었던 데에는 자신의 공이 있었음을 내비쳤다가 밉보인 것은 아닌지 모르겠다. 또는 광종의 반호족 정책에 대한 자신의 의견을 말했던 것이 크게 흠 잡힌 것일 수도 있다.

그랬던 그가 이번에 다시 복권된 데에는 그만한 이유가 있었다. 하루는 최지몽이 경종에게 은밀히 보고하였다.

"객성(客星)이 제좌(帝座)를 범하였으니 왕께서는 숙위를 거듭 경계하시어 뜻밖의 변고에 대비하십시오."

그런데 얼마 지나지 않아 정말로 왕승(王承) 등이 반역을 도모하다가 처형당하는 일이 발생했다. 경종은 최지몽에게 어의(御衣)와 금 허리띠를 하사하였다. 이는 단순히 예지력이 아니었다. 정확히는 최지몽의 정보력이 아직 녹슬지 않았던 모양이었다. 경종은 그의 정보력을 높이 샀던 것이었다.

왕승은 역사에 그 존재가 드러나 있지 않은데, 왕 씨인 것으로 보아 같은 왕족이 아니었겠는가 짐작된다. 아마도 추정컨대 경종에게 원한을 가질 만한 이였을 텐데, 치세 초기에 억울하게 죽임을 당한 왕족의 자손이었을지도 모르겠다. 그렇다면 천안부원군을 먼저 떠올려볼 수 있지만 효성태자나 효지태자 모두 자식이 있었으니 대상에서 제외하고, 같이 제거된 진주낭군으로 추측되는 원녕태자의 아들 효당태자(孝當太子)와 모종의 관련이 있지 않을까 싶다. 어쨌거나 경종이 정치에 환멸을 느꼈을 만큼 그가 허용했던 복수극은 이때까지도 여파가 미치고 있었다.

그리고 최지몽은 성종 치세로 넘어간 987년 3월 2일에 81세의 나이로 세상을 떠났다. 그는 사후에 마찬가지로 성종 때까지 생존하여 가장 높은 시중(侍中)의 자리에 오르는 박양유(朴良柔)와 함께 경종의 2대 공신으로 지정된다. 18세의 나이에 태조 왕건의 눈에 들어 출세하기 시작한 이후로 재빠른 눈치와 지혜로운 처세술 그리고 폭넓은 정보력으로 한평생을 현명하게 살았던 한 인물의 편안한 죽음이었다.

그런 최지몽과 상반되게도 경종은 장수와는 거리가 멀었다.

981년 여름 6월, 경종의 건강에 적신호가 켜졌다. 그는 자신의 병이 오래도록 낫지 않자 무언가 느낀 것이 있었던지, 가을로 접어든 7월 9일 사촌 동생 개령군(開寧君) 왕치(王治)를 불러들였다. 그리고는 그에게 왕위를 물려주겠다고 하고는 다음과 같이 유언을 남겼다.

내가 앞선 4대 왕의 유업을 계승하고 삼한을 이어받아 영토를 보존하고 국가를 안정시키느라 쏟은 시간이 벌써 7년이 되었다. 이러한 노고로 결국 병이 생겼으니, 이제는 무거운 책임을 내려놓고 정신을 편히 하길 바라며, 이제 왕위를 전함으로써 걱정을 멈출까 한다.

정윤 개령군 왕치는 나라의 어진 종친이고 내가 사랑하는 동생이니, 반드시 왕실의 대업을 받들고 국가의 발전에 이바지할 수 있을 것이다. 여러 공경(公卿)과 재신(宰臣)들은 나의 큰 동생을 보호하여 길이 우리나라를 편안하게 하라.

내가 매번 『예경(禮經)』을 읽을 때마다 '남자는 부인의 품에서 죽지 않는다'고 한 부분에 이르러서는 감탄하지 않은 적이 없었기에, 오늘에 이르러 좌우의 궁녀들을 다 물러가게 하였다. 혹여나 더 이상 생명을 잇지 못한 채 갑자기 죽음에 이른다 해도 다시 무슨 한탄이 있겠는가?

그러고는 상을 치르는 것을 간소화할 것을 당부하는 것으로 끝맺었다.

정확히 5년 전에 경종은 황주원(黃州院)의 두 낭군(郎君)이 같이 성인식을 치르도록 하고, 이들의 할머니의 거처인 황주원을 명복궁(明福宮)으로 높여 부르도록 하였다. 여기서 낭군은 곧 고려식 표현으로 왕자를 의미하는데, 황주원의 두 왕자 중 한 명은 훗날 성종이 되는 왕치이다. 그의 나이 17세 때의 일이었다.

이들의 할머니가 곧 태조의 제4비 신정왕태후였다. 그녀가 경종의 어머니인 대목왕후의 어머니이니 경종에게는 외할머니가 되는 관계였다. 즉 경종은 외사촌 동생들의 성년식과 외할머니에 대한 대우를 높이는 조처를 한 것이었다. 왕치가 10살이던 때인 969년 겨울에 아버지 왕욱(王旭)이 사망하고, 또 어머니도 일찍 세상을 떠나자 할머니인 신정왕태후가 왕치와 형제들을 대신해서 키워주었기에 그에 대한 합당한 대우이기도 했다.

아마도 이 무렵부터 경종은 자식을 낳지 못하는 자신의 상황을 대비하고 있었던 것은 아니었을까 싶다. 왕치는 경종에게 가장 가까운 혈육이었다. 980년에 다행히 경종은 아들 왕송(王誦)을 얻지만, 문제는 그의 건강이었다. 이 유언에는 언급되어 있지 않으나, 왕치에게 별도로 차후에 자기 아들 왕송에게 왕위를 물려줄 것을 요청하지 않았을까 싶기도 하다. 정확한 사정은 이 둘밖에 모르겠지만 말이다.

이틀 후인 7월 11일, 경종은 정전인 천덕전에서 숨을 멈췄다. 왕위에 있은 지 6년이고 나이 26세였다. 그의 죽음은 너무도 이른데, 아마도 광종과 대목왕후가 이복동생 사이로 근친혼을 하였던 것이 문제가 아니었나 싶다. 근친혼은 잘 알려진 것처럼 잠재적으로 열성 유전자를 발현시키는 문제를 가지고 있는데, 경종뿐만 아니라 바로 다음의 성종은 38세, 현종의 아들인 덕종은 19세, 또 다른 정종은 29세에 수명이 다했으니 근친혼 이후로 집안 대대로의 고질적인 문제가 되었던 것 같다. 참고로 한 연구자의 조사에 따르면 고려 시대 국왕의 평균 사망 시 나이는 42세라고 하는데, 반면에 승려는 70세, 귀족은 66세 정도 되었다고 하니 왕가에 아무리 굴곡이 많았다고는 하나 확실히 혈통상의 문제가 분명해 보인다.

어쨌거나 경종은 기본적으로 성품이 따뜻하고, 착하며, 총명하고, 노는 것을 즐기지 않았는데, 정치를 알게 된 이후에는 정치를 싫어하고 게을러져 놀이와 음악 그리고 여자에 빠져들었다. 또 바둑을 좋아하며 소인배들을 가까이하고 군자를 멀리하니, 이로 인해 그의 치세에서 정치가 퇴보하였다는 평가를 들었다.

경종은 이때 18세의 헌애왕후 곧 훗날 천추태후(千秋太后)로 불리는 아내와의 사이에서 겨우 나이 두 살이 된 아들 왕송을 세상에 남겨 두었을 뿐이었다. 그 아이가 목종(穆宗)으로 왕위에 오르기까지는 16년을 기다려야 한다.

이제 고려의 앞날은 광종 때 태어나 그의 치세에서 성장기를 보내고 결국 광종의 사위까지 된 22세의 젊은 국왕 성종(成宗)에게 맡겨졌다.

그렇게 한 시대는 끝나고

　오스트리아의 외무장관 메테르니히 공작(Klemens von Metternich, 1773~1859)은 나폴레옹 전쟁의 종료 후 열린 유럽 열강들의 모임인 빈 회의(1814~1815)를 주도하면서 나폴레옹이 널리 퍼트린 새로운 질서를 기대하는 혁명의 열기를 꺾고 과거로의 회귀를 추진하였던 대표적 인물이다. 그는 이러한 보수 반동을 통해 유럽의 질서와 평화를 되찾을 수 있다고 믿어 의심치 않았지만, 그의 희망과는 달리 한번 움직이기 시작한 혁명의 수레바퀴는 그저 잠시 궤도를 이탈했던 것일 뿐 시간이 지나자 다시 원래의 궤도로 돌아와 유럽 그리고 전 세계를 변화의 물결로 견인해간다.

　광종의 치세도 이와 비슷했다. 그는 개혁의 불길을 거세게 당겼다. 그 힘은 그의 치세 동안 강하게 사회를 움직여갔다. 다만 그의 사후 한동안 보수 반동이 득세하였으나, 역시 한번 돌아가기 시작한 개혁의 흐름은 결코 멈출 수가 없었다. 그가 시작한 개혁은 고려를 470년이 넘는 기나긴 세월 동안 굳건히 버티게 한 기반이 되어주었다.

　이를 가능케 했던 광종 개인은 불꽃과도 같았던 인생을 살았다.

본인도 호족들과 손을 잡고 쿠데타로 집권하였지만 그 전부터 줄곧 지켜봐 온 호족들의 문제를 스스로 해결하고자 하였다. 한번 정한 목표를 위해 그는 자신의 인생을 바쳤다. 세간의 악평도 그에게는 아무런 문제가 되지 않았다. 그저 목표한 바를 그의 인생에서 이룰 수만 있다면 아무 상관 없다는 듯한 태도였다.

그래서 그는 모든 걸림돌을 치우는 데에 중점을 두었다. 그것이 자신의 아내여도, 심지어 외아들일지라도 굳이 신경 쓰지 않았다. 아버지 태조 왕건이 세운 고려를 굳건한 기반 위에 올려놓는 것만이 그의 인생의 목표였다. 그러기 위해서 불가피하게 제거해야 하는 자가 있다면 뒤도 돌아보지 않고 과감히 제거해버렸다. 그는 마카아벨리의 길을 따라갔다. 사랑받는 것보다 두려움의 대상이 되는 쪽을 택한 것이다.

더욱이 그는 시스템의 중요성을 깨달은 중세시대의 몇 안 되는 인물이었다. 대표적 정책으로, 역사상 최초로 과거제도를 도입함으로써 안정적인 중앙집권체제를 마련하였다. 그가 도입한 시스템은 이후에 말도 많고 탈도 많았지만 무려 900년 넘게 생존하였다.

그의 인생은 모순과도 같았다. 호족, 왕족, 귀족에 대해서는 그토록 일관되게 적대적인 태도를 보였지만, 한편으로는 사회적 약자들에 대해서는 한없이 너그러웠다. 그에게는 불법으로 노비가 된 이들, 경제적으로 불완전한 삶을 살 수밖에 없었던 빈민들이 눈에 들어왔다. 그는 이들을 위해 과감하게 재정을 내놓았다. 다행히 불교계가 그에게는 그 방안을 실현할 수 있는 좋은 채널이 되어주었다. 그는 불교를 활용한 것이지 불교에 헌신한 것이 아니었다.

그렇게 그가 추구했던 고려의 모습은 개방적 제국(帝國)이었다. 이를 위해 연호도 제정하고, 호칭도 바꾸었다. 그에게 있어 아내는 왕비가 아니라 황후였다. 그는 그러면서도 대외적으로 왕국 체제를 유지함으로써 국제관계에서 외톨이가 되는 것은 피할 줄 아는 유연한 현실주의자이기도 했다. 그의 이러한 이원화 정책은 원나라 강점기를 제외하고는 줄곧 국가의 기본 골격으로서 유지된다.

오늘날 우리가 그에게서 배워야 할 점은 바로 과감한 개혁과 일관된 추진력이 아닐까 한다. 개혁은 반드시 기득권에 피해가 갈 수밖에 없다. 이들의 반발과 부작용을 두려워해서는 결코 개혁을 이룰 수가 없다. 개혁을 시도할 때에는 과감하고 신속하게 해야 함을 그는 잘 알고 있었다. 또 개혁을 추진하면서 일관된 효과를 낼 수 있는 모든 방법을 강구해야 한다. 광종은 그것을 시스템에서 찾았다. 과거제도 도입과 관료제의 확립 등 그는 자신의 집권 이후에도 개혁을 지속할 수 있도록 환경을 만들 줄 알았다. 사람이 아니라 시스템이 개혁을 멈추지 않도록 하는 방안임을 그는 정확히 인지하고 있었다.

그리고 그의 유연한 태도 역시 본받을 필요가 있다. 아무리 자신이 추구하는 바가 확실하다 하더라도 그것을 이루기 위해 다가가는 경로는 여러 가지가 있을 수 있다. 개혁을 위한 철저한 사전준비와 정적들과의 밀월 관계는 그에게 전혀 모순되지 않았다. 제국을 만들고자 하였지만 여러 가지 여파가 있을 수 있다면 얼마든지 대외적으로는 왕국 체제를 유지해나가면 되는 것이었다. 예전 같았으면 사회의 상층부로 받아들일 리 만무했던 외국인도 국가에 도움만 된다면 전통을 깨고 과감하게 등용할 줄도 알았다. 겉으로 보이는 모습보다

실리가 더 중요하다는 사실을 그는 너무도 잘 알고 있었다.

그는 지금으로부터 무려 1,000여 년 전을 살았던 사람이지만 그가 보여준 개혁의 길은 지금도 유효하다. 그가 구상하고 추진했던 개혁의 방법론은 오늘날에도 배울 바가 충분히 있다. 우리가 사는 이 세상은 그때나 지금이나 여전히 끊임없이 개혁이 필요한 불완전한 곳이기 때문이다.

(1) 고려 : 『고려사』, 『고려사절요』, 『삼국사기』, 『삼국유사』, 『제왕운기』, 『균여전』

(2) 중국 : 『신당서』, 『구오대사』, 『신오대사』, 『송사』, 『요사』, 『고려도경』, 『정관정요』, 『한비자』

(3) 일본 : 『입당구법순례행기』

(4) 조선 : 『동사강목』, 『해동역사』

(5) 근현대:

— 국립중앙박물관, 『통일신라』, 국립중앙박물관, 2003

— 김갑동 등, 『고려의 왕비』, 경인문화사, 2015

— 김기섭 등, 『일본 고중세 문헌 속의 한일관계사료집성』, 혜안, 2005

— 김동선, 『훈요십조의 진실』, 동숭북스, 2015

— 김성용, 『사라진 도시 서라벌』, 눌와, 2011

— 김용선, 『고려 금석문 연구』, 일조각, 2004

— 김창현, 『고려 개경의 구조와 그 이념』, 서신원, 2002

— 김창현, 『고려 개경의 편제와 궁궐』, 경인문화사, 2011

— 김창현, 『고려의 여성과 문화』, 서신원, 2007

— 김창현, 『광종의 제국』, 푸른역사, 2008

— 김현희 등, 『통일신라·발해』, 국립중앙박물관, 2005

— 남무희, 『김부대왕 연구』, 서경문화사, 2013

— 노명호, 『고려 태조 왕건의 동상』, 지식산업사, 2012

— 니콜로 마키아벨리, 『군주론』, 돋을새김, 2005

— 박종기, 『고려사의 재발견』, 휴머니스트, 2015

— 박종기, 『새로 쓴 5백 년 고려사』, 푸른역사, 2008

— 부경역사연구소, 『10세기 인물 열전』, 푸른역사, 2002

— 이근직, 『천 년의 왕도, 천 년의 기억』, 학연문화사, 2013

— 이기봉, 『고대도시 경주의 탄생』, 푸른역사, 2007

— 이인철, 『신라 정치경제사 연구』, 일지사, 2003

— 임용한, 『시대의 개혁가들』, 시공사, 2012

— 장경희, 『고려 왕릉』, 예맥, 2008

— 전덕재, 『신라 왕경의 역사』, 새문사, 2009

— 정성권 등, 『고려의 국왕』, 경인문화사, 2015

— 정위안푸, 『법가, 절대권력의 기술』, 돌베개, 2011

— 한국역사연구회, 『고려의 황도 개경』, 창작과비평사, 2002

— 홍승기, 『고려사회경제사연구』, 일조각, 2001

(6) 참고 사이트

— 국사편찬위원회, 『한국사데이터베이스』, http://db.history.go.kr/

— 국립문화재연구소, 『한국금석문 종합영상정보시스템』, http://gsm.nricp.
  go.kr/

— 문화재청, 『문화유산정보』, http://www.cha.go.kr/

— 국립중앙박물관, http://www.museum.go.kr/

— 국립경주박물관, http://gyeongju.museum.go.kr/

— 서울대학교 규장각한국학연구원, http://kyujanggak.snu.ac.kr/

— 한국고전번역원, 『한국고전종합DB』, http://db.itkc.or.kr/

— 위키피디아(Wikipedia), http://ko.wikipedia.org/

〈고려 역대 국왕〉

제1대 태조 왕건(王建, 877~943, 재위 918~943)

제2대 혜종 왕무(王武, 912~945, 재위 943~945)

제3대 정종 왕요(王堯, 923~949, 재위 945~949)

제4대 광종 왕소(王昭, 925~975, 재위 949~975)

제5대 경종 왕주(王伷, 955~981, 재위 975~981)

제6대 성종 왕치(王治, 960~997, 재위 981~997)

제7대 목종 왕송(王訟, 980~1009, 재위 997~1009)

제8대 현종 왕순(王詢, 992~1031, 재위 1009~1031)

품 계 표

품계	관계명
1품	삼중대광(三重大匡)
	중대광(中大匡)
2품	대광(大匡)
	정광(正匡)
3품	대승(大丞)
	좌승(佐丞)
4품	대상(大相)
	원보(元甫)
5품	정보(正甫)
6품	원윤(元尹)
	좌윤(佐尹)
7품	정조(正朝)
	정위(正位)
8품	보윤(甫尹)
9품	군윤(軍尹)
	중윤(中尹)